Einradfahren

In diesem Buch habe ich auch eine Einteilung vorgenommen, um dir zu zeigen, ob du eher mit mehr oder weniger Schwierigkeiten rechnen musst, bei dem Trick, den du gerade ausgesucht hast. Neben den Kapitelüberschriften findest du deshalb zur Orientierung ein kleines Bildchen mit Schwierigkeitsgraden von 1-3.

= Schwierigkeitsgrad 1

= Schwierigkeitsgrad 2

= Schwierigkeitsgrad 3

„Je mehr Männchen am Ende der Überschrift stehen, desto schwerer ist der Trick oder die Technik zu lernen."

Aus Gründen der besseren Lesbarkeit haben wir uns entschlossen, durchgängig die männliche (neutrale) Anredeform zu nutzen, die selbstverständlich die weibliche mit einschließt.

Das vorliegende Buch wurde sorgfältig erarbeitet. Dennoch erfolgen alle Angaben ohne Gewähr. Weder die Autoren noch der Verlag können für eventuelle Nachteile oder Schäden, die aus den im Buch vorgestellten Informationen resultieren, Haftung übernehmen.

Andreas Anders-Wilkens | Robert Mager

EINRADFAHREN

BASICS UND ERSTE TRICKS

Meyer & Meyer Verlag

Einradfahren

Bibliografische Information der Deutschen Nationalbibliothek
Die Deutsche Nationalbibliothek verzeichnet diese Publikation in der Deutschen Nationalbibliografie; detaillierte bibliografische Details sind im Internet über <http://dnb.ddb.de> abrufbar.

© 2006 by Meyer & Meyer Verlag, Aachen
5., überarbeitete Auflage 2015

Auckland, Beirut, Dubai, Hägendorf, Hongkong, Indianapolis, Kairo, Kapstadt, Manila, Maidenhead, Neu-Delhi, Singapur, Sydney, Teheran, Wien

☙ Member of the World Sport Publishers' Association (WSPA)

Gesamtherstellung: Print Consult GmbH, München

ISBN 978-3-89899-603-7
E-Mail: verlag@m-sports.com
www.dersportverlag.de

INHALT

VORWORT

Als wir Ende der 80er Jahre begannen, Einradfahren zu lernen, war das sehr ungewöhnlich. Es gab zwar bereits erste Einräder im Fachhandel, doch verbreitete sich das Einrad als Freizeitgerät nur langsam. In kleinen, freien Treffen machten wir Fortschritte und Fehler. Es gab keine Anleitungen und nur wenige, meist unerreichbare Vorbilder. Heute unterrichten wir selbst Zirkuskünste, zum Beispiel in der „Zirkusschule Windspiel", und das Einrad findet dabei mit Abstand den meisten Zuspruch aller Teilnehmer.

Wer heute Einradfahren will, kann ohne großen Aufwand damit beginnen. In allen Gassen und auf allen Straßen wird Einrad gefahren, selbst in den kleinsten Dörfern findet sich mindestens ein Einrad. Besonders bei jungen Mädchen ist es heute ein starker Trend. Jungs, haltet euch ran!

In der Stadt bieten Asphaltflächen und Plätze Übungsgrund und Herausforderung. In ländlichen Gegenden erweist sich das Einrad als Multitalent im Gelände ebenso wie auf stillen Straßen. Im Internet trifft man sich und erfährt von den unglaublichsten Tricks, Einsätzen und Leistungen. Der Leistungsgedanke lockt zunehmend Einradtalente zu Wettbewerben und Meisterschaften in Hockeyturnieren und Wettrennen, aber auch im Freestyle. In den letzten Jahren fanden einige Einradweltmeisterschaften in Europa statt. Der Boom, der auch von dort ausging, kehrt damit zu uns zurück, auch zu den Ursprüngen des Einrads, das zusammen mit dem Fahrrad in Europa entstanden ist.

Ein Einrad bekommt man über die Händler am Ende des Buches. Dort sind auch Empfehlungen zum Kauf zu finden.

Wir sprechen im Buch den Leser bewusst mit „du" an, so, wie es unter Zirkusartisten, die alle zu einer großen Familie gehören, seit Generationen üblich ist.

Einradfahren ist etwas für alle und alle Einradfahrer werden feststellen, dass sie die Schwierigkeiten und sich selbst immer wieder überwunden haben und nicht empfindlich waren. Sie haben durchgehalten.

Als Belohnung steht am Ende ein spürbarer und ein sichtbarer Erfolg. Es gibt keine Möglichkeit, sich die Fahrkunst zu ergaunern und das weiß der Fahrer ebenso wie jeder Zuschauer. Entweder man fährt auf dem Einrad oder eben nicht. Daher ist dem Einradfahrer die Anerkennung für seine Leistung und sein Können gewiss. Doch Einradfahren ist nicht allein Leistung, sondern auch künstlerischer Ausdruck von Spontaneität und Freiheit und schöne Artistik, von Anfang an.

Zum Wesen des Einradfahrens gehört damit auch die Überschreitung von Grenzen. Die Überwindung der Schwerkraft macht den Einradfahrer leichtsinnig. Mit Leichtigkeit wird die Balance erst schön. Nur wer ein Risiko beim Einradfahren eingeht, wird leicht damit fertig und gewinnt. Deshalb kann man auf dem Einrad auch getrost barfuß fahren, rückwärts fahren, Bäche durchqueren, Alpen überqueren und viele verrückte Sachen machen – nicht andauernd und nicht ohne Verstand, aber immer wieder. Zum Üben ist das barfuß fahren übrigens nicht geeignet, als eine Übung aber schon.

Wir wünschen euch viel Freude bei eurem Ausflug aus dem Alltag auf dem Einrad.

Mit dem Einrad werden Grenzen überschritten.

9

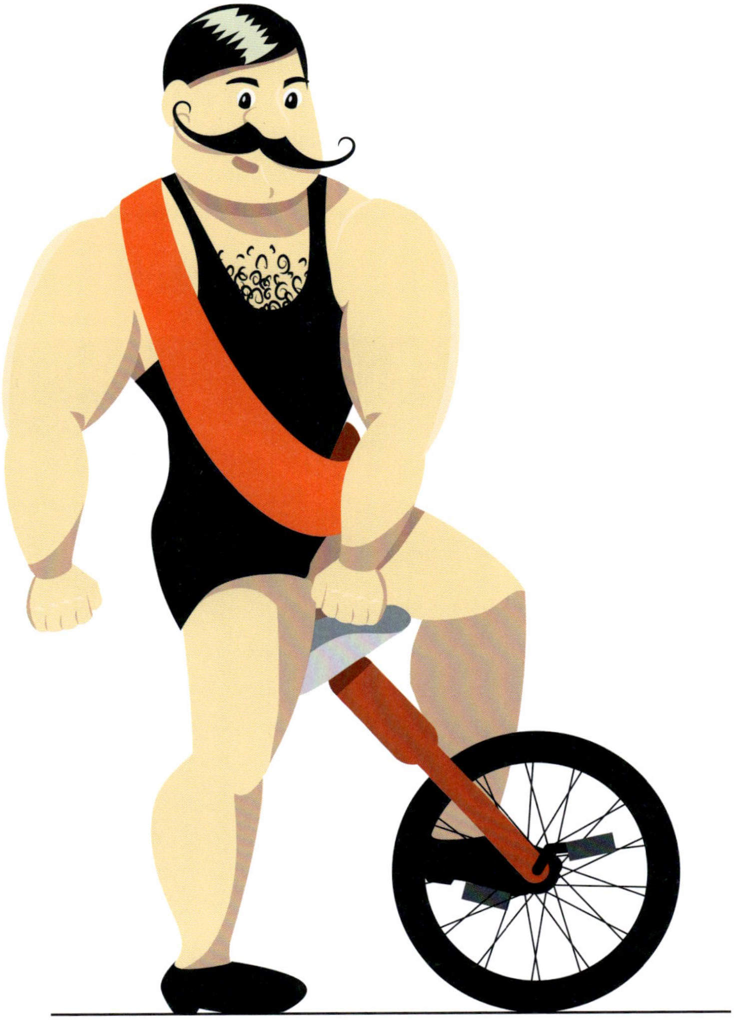

KAPITEL 1

A EINFAHREN LERNEN: VON DEN GRUNDTECHNIKEN ZUM SICHEREN FAHREN

1 VORWÄRTS FAHREN

A) DER ÜBUNGSPLATZ

Wer Einradfahren lernen will, versucht erst einmal, sich auf dem Gerät zu halten, **wohin** er fährt, ist dabei egal. Es werden ohnehin nur einige Meter zurückgelegt, ein Ausweichen oder eine gezielte Kurve ist zunächst gar nicht möglich und auch unnötig.

Um also mit dem Einradfahren zu beginnen, solltest du dir einen Raum suchen, der groß genug ist, um vom Startpunkt weg einige Meter nach vorne fahren zu können, wobei gleichzeitig an den Seiten ebenso viel Platz frei bleiben soll.

Übe stets in gefahrloser Umgebung und achte auch darauf, dass du niemanden gefährdest. Das Einrad ist im Straßenverkehr nicht zugelassen!

Der Boden sollte nicht rutschig sein. Leichte Unebenheiten im Asphalt stören nur optisch, das Einrad reagiert viel unempfindlicher darauf, als viele denken. Dennoch sind Schlaglöcher, Gullideckel, Wiesen, Kieswege oder Kopfsteinpflaster natürlich keine idealen Voraussetzungen. Ein leichtes Ansteigen oder ein Gefälle des Untergrunds ist weniger schlimm als eine seitliche Schräge.

Was du über dein Einrad wissen und beachten solltest (Sattelhöhe, Wo ist vorne/hinten?, Reifendruck usw.), bevor du losfährst, liest du am Anfang des Kapitels **F 1 Materialkunde.**

Wegen der geringen Sturzhöhe und weil die Füße schnell auf den Boden gebracht werden können, sind ein Helm und eine besondere Schutzkleidung für den Anfänger eher hinderlich. Nur wer zu Stürzen und Verletzungen neigt, sollte sie anziehen. Den gesunden Menschenverstand muss man nicht ausschalten. Mit langen Schnürsenkeln und weiten Hosen kann man an Kurbeln, Schrauben oder Pedale hängen bleiben. Schnürsenkel sind ganz einfach wegzustecken.

Bevor du losfährst, solltest du dir eine **Stütze suchen,** an der du dich festhalten wirst, solange du dich an das Einrad gewöhnst und in Erfahrung bringst, wie es auf deine Bewegungen reagiert.

Im folgenden Kapitel erfährst du, wie die Stützen, an denen du dich festhalten kannst, beschaffen sein sollten und **was deine Helfer beachten sollten.** Erst wenn du deinen Übungsplatz mit Stützen entsprechend ausgesucht und vorbereitet hast, beginnst du mit dem Aufstieg.

B) DIE STÜTZE UND DIE HELFER

Wer alleine lernen will oder muss, übt entlang einer Mauer oder eines Gartenzauns, an dem man nicht hängen bleiben oder sich verletzen, aber leicht abstützen kann.

Beidseitige Stützen helfen am besten, die Balance zu finden. Wer Turnkästen zur Verfügung hat, baut sie ungefähr bis auf Schulterhöhe.

13

Auch an einseitigen Stützen kann man das Fahren lernen, sie sind aber nicht so hilfreich.

Halte dich gerade so viel fest wie nötig, da du sonst zu sehr verkrampfst oder hängen bleibst. Stütze dich nur mit der flachen Hand ab. Wenn du dich nur an **einer Wand** bzw. Seite festhältst, neigst du dich natürlich zur Wand hin, da du dich hier nur abstützen, aber nicht festhalten kannst. Diese Neigung stört die richtige Balance aber ganz erheblich. Deshalb ist es viel besser, dir etwas zu bauen, an dem du dich auf **beiden** Seiten abstützen kannst. Auch eine Stuhlreihe, Tische, Turnkästen, Ballettstangen oder jede andere Konstruktion helfen.

So viel Platz oder Material hat aber nicht jeder immer zur Verfügung. Es können auch Kellergänge sein. Die Wände sind hier von beiden Seiten erreichbar und unempfindlich. Zur Not reicht auch eine einseitige Stütze, wie oben beschrieben, aus.

Bei einseitigen Stützen solltest du aber unbedingt darauf achten, **öfters die Bewegungsrichtung entlang der einen Wand abzuwechseln**, damit du lernst, **nach beiden Seiten Balance zu halten**. Fahre eine gute Unterarmlänge von der Wand entfernt, damit du nicht mit den Pedalen hängen bleibst und den stützenden Arm fast ausstrecken kannst. Das hilft dir wieder bei der Balance.

Der Einkaufswagengriff ist eine Stütze, die mitfährt. Eine Mülltonne erfüllt den gleichen Zweck und ist überall griffbereit.

Optimal zum Lernen eignet sich ein **Einkaufswagen**. Schiebe ihn auf dem Einrad herum, während du dich am Griff festhältst. Am Wochenende ist der meist sehr große und asphaltierte Parkplatz von Einkaufszentren autofrei. Das ist ein idealer Übungsplatz.

Auch ein **kurzer Stab**, den ein Helfer seitlich reicht, ist gut geeignet. Der Einradfahrer greift ihn quer und beidhändig wie einen Lenker. Der Helfer kann auch rückwärts gehen und den Stab ebenfalls beidhändig halten. Dann sollte er aber sehr darauf achten, dass der Fahrer ihm nicht das Rad gegen das Schienbein knallen lässt, wenn er absteigt.

Ein etwa **2 m langer Stab**, den der Helfer in der Mitte hält, kann für zwei Kinder Halt bieten. Die Einradfahrer können im Kreis fahren oder in einer Aufführung ihr erstes Können zeigen, lange bevor sie frei fahren können.

Ein alter Surfboardmast dient mehreren Kindern gleichzeitig als Haltegriff.

Zusammenfassung: Die Stütze sollte folgende Bedingungen erfüllen:

O Sie sollte **beidseitig** sein, damit du lernst, **nach beiden Seiten gleichmäßig Balance zu halten.**

O Die Stützen sollten **lang genug** sein, damit du dich auf das Vorwärtsfahren konzentrieren und du dich in eine Richtung länger bewegen kannst.

O Sie muss **stabil und unempfindlich** gegen Schmutz und Kratzer sein, da das Einrad gerne seine Spuren hinterlässt.

O Sie sollte **hüft- bis schulterhoch** sein, damit du beim Festhalten aufrecht bleiben kannst.

Am besten sind natürlich zwei oder zumindest ein Helfer, die mitlaufen und dir als lebendige Stützen Halt geben. Das können andere Einradfahrer sein, mit denen du ab-

wechselnd ein Rad teilst und mit denen du gemeinsam fahren lernst. Es können aber auch deine Eltern oder kräftige Freunde sein.

Die Helfer achten darauf, nicht störend in die Balance des Fahrers einzugreifen! Sie bleiben stets auf einer Höhe neben dem Rad, damit sie den Fahrer nicht unbewusst in eine Richtung ziehen.
Sie sollen dem Fahrer nur Halt bieten – etwa wie ein wandelnder Zaunpfosten – und nicht aktiv Sattel oder Fahrer festhalten.

WICHTIG

Du wirst nicht festgehalten, sondern der oder die Helfer bieten eine Stütze. So kannst du loslassen: zunächst kürzer, später immer länger, wann immer du willst. Der oder die Helfer bleiben dabei neben dem Rad.

Ganz allgemein gilt für jede Art von Stütze oder Hilfe, die du beim Üben verwendest:

Achte darauf, dass du dich **nicht abhängig** davon machst. Halte dich daran nur genau so viel fest, dass du auf dem Einrad bleibst – nicht mehr und nicht weniger.

Oftmals verleiten Stützen, Hilfen und Helfer dazu, Fehler nicht zu korrigieren, sondern womöglich erst einzuschleifen. Nur wenn man bei Verwendung einer Stütze das Gefühl behält, **wie es ohne sie wäre**, kann man etwas **lernen**. Das heißt ja nicht, dass man die **Sicherheit**, die sie bietet, verliert.

Achte auch darauf, dass du einem Helfer beim Festhalten nicht das Blut abdrückst, er ist nur eine Stütze, kein Opfer.

FALSCHE Hilfestellung! Der Helfer steht zu weit hinten, nicht neben dem Rad. Der Fahrer wird in seiner Balance störend beeinflusst. Achtet auch darauf, dass der Arm des Helfers nicht zu hoch gehalten wird.

C) JETZT GEHT ES LOS: AUFSTEIGEN

Nachdem du dir einen geeigneten Übungsraum und Stützen oder Helfer zum Lernen besorgt hast, kann es losgehen. Obwohl deine Helfer dich natürlich auf das Einrad heben können oder du dich mithilfe der Stütze hochziehen kannst, solltest du von Anfang an versuchen, aus eigener Kraft aufzusteigen und zu lernen, worauf es dabei ankommt. Deine Helfer stehen bereit, halten dich aber erst fest, wenn es so weit ist. Wenn du nur eine Stütze hast, stehst du so, dass du sie gut erreichst, hältst dich aber noch nicht daran fest. Den ersten Teil musst du alleine schaffen:

Stelle das Einrad vor dir auf den Boden, mit dem schmaleren Teil des Sattels nach vorne. Achte dann auf die richtige Pedalstellung, bevor du versuchst aufzusteigen:

Die Pedale befinden sich möglichst in gleicher Höhe, das dir zugewandte Pedal ist etwas tiefer als das andere.

Je nachdem, mit welchem Fuß du zuerst aufsteigen willst, musst du die Pedale auf dieser Seite zu dir herdrehen. Halte das Einrad an beiden **Seiten** vom Sattel mit den Händen.

Du bist bereit für den Aufstieg. Versuche, so weit wie möglich aus eigener Kraft aufzusteigen.

Gehe langsam nahe genug an das Rad heran und hebe das Bein, mit dem du zuerst aufsteigen willst, über den Sattel. Dein ganzes Gewicht bleibt auf dem anderen Bein.

Jetzt steckst du den Sattel zwischen die Beine, ohne die Pedalstellung zu verändern, das heißt, ohne das Einrad nach vorne oder hinten zu verschieben. Dann stellst du den Fuß aufs Pedal, ohne jedoch jetzt schon das ganze Gewicht darauf zu verlagern.

Drehe ein Pedal für den Aufstieg zu dir her. Auf dieses wirst du deinen ersten Fuß setzen.

Mit der einen Hand hältst du den Sattel weiter fest, während die andere Hand **jetzt an der Stütze oder beim Helfer** seitlich Halt sucht.

Dann solltest du gaaanz laaangsam und **gleichzeitig und gleichmäßig verteilt das Gewicht auf das eine Pedal und den Sattel** bringen. Der Helfer oder die Stütze sollen also kein Gewicht tragen, sie helfen nur bei der **Balance**! Wiederhole diese Gewichtsverlagerung ruhig ein paar Mal, bis du etwas Übung darin hast.

Balanciere auf dem Standbein, während du über den Sattel steigst und das Aufstiegsbein auf die Pedale bringst. Beide Hände halten das Rad am Sattel.

Bei der Gewichtsverlagerung auf das Einrad kannst du dich etwas nach vorne lehnen. Wenn du jetzt alles richtig machst, bleibt das Einrad in der Anfangspedalstellung stehen oder fährt nur **leicht auf dich zu**, während du aufsteigst. Dadurch kommt es **langsam** unter deinen Schwerpunkt, sodass du immer mehr Gewicht vom Standbein auf das Einrad verlagern kannst.

Die Helfer oder die Stütze sichern deine Balance, sie tragen nicht dein Gewicht.

Oben: Ein langsamer Aufstieg verhindert unerwartete Verletzungen wie hier am Schienbein durch ein plötzlich hochschnellendes Pedal.

Links: Die Anfangspedalstellung bleibt unverändert. Die Kräfte auf Sattel und das hintere Pedal sind im Gleichgewicht.

Sobald du dich mit dem ganzen Gewicht auf dem Einrad befindest, stellst du deinen zweiten Fuß auf das andere Pedal. Wenn du langsam genug aufsteigst, schlägt das zweite Pedal auch nicht gegen dein Schienbein.

Bei einer zu schnellen Aufstiegsbewegung, das heißt, beim „Durchtreten", fährt das Einrad durch den Schwung unter deinem Körperschwerpunkt hindurch und das Pedal bleibt mit einem schmerzhaften Schlag an deinem Schienbein hängen, oder das Rad fährt weiter nach hinten und gerät somit ganz außer Kontrolle.

Zunächst ist es besser, wenn die Bewegungen langsam ablaufen, damit du lernen kannst, sie aufeinander abzustimmen. Später, wenn du nach viel Übung immer besser wirst, kann das Aufsteigen auch sehr schnell und flüssig ablaufen.

Denke immer daran: Anfänger machen große Bewegungen, Meister machen kleine Bewegungen.

Aufstieg mit Wand auf einen Blick:

Aufsteigen mit einer seitlichen Stütze: Am Ende solltest du nur noch EINE Hand an der Wand haben.

- O Schiebe den Sattel unter den Po.
- O Die Pedale sind in der richtigen Position.
- O Setze den ersten Fuß auf das nähere, weiter unten befindliche Pedal.
- O Verlagere das Gewicht nach vorne und stütze dich an der Wand ab.
- O Verlagere das Gewicht weiter nach vorne über das Rad und setze dabei den anderen Fuß langsam auf das zweite Pedal.
- O Bringe die Kurbeln in eine waagerechte Position, halte dich dazu an der Wand fest, notfalls mit beiden Händen. Korrigiere deine Fußstellung.
- O Begib dich in eine aufrechte Position. Der Schwerpunkt soll sich genau über der Achse befinden.

Der freie Aufstieg **ohne** Hilfe ist deutlich schwerer und braucht jetzt noch gar nicht geübt werden. Jetzt willst du ja zunächst das Fahren lernen. Wie der Aufstieg ohne Hilfe funktioniert, erfährst du unter g) *Der freie Aufstieg.*

Bei zu schneller Aufstiegsbewegung oder zu viel Gewicht auf dem Pedal fährt das Rad unter dir hindurch.

Es funktioniert fast, aber noch nicht ganz: „Ich komme nicht richtig los!"

Wenn sich die Pedale nach dem langsamen Aufstieg anstatt in gleicher Höhe an der höchsten und tiefsten Position befinden, kannst du nicht richtig losfahren, weil die Pedale sich beide in einem toten Punkt befinden. Hier liegt der Vorteil einer gezielten Kraftdosierung beim Aufstieg: Du landest dann in der richtigen Position zum **Losfahren.** Sorge also beim Aufstieg dafür, dass die beiden Pedale in einer möglichst **waagerechten** Position bleiben, so, wie du sie auch vor dem Aufstieg hast.

Zumindest **ein kurzer** Griff an die Stütze, dort, wo du startest, wird dir zuerst eine große Hilfe sein, es geht aber später auch ganz ohne!

Links sind beide Pedale im toten Punkt, eine Kraftübertragung und Losfahren ist kaum möglich. Rechts befinden sie sich in der Idealposition zum Losfahren.

Jetzt nutze die Gelegenheit, dich zu sammeln und die letzten Vorbereitungen vor dem Start zu treffen:

O Setze dich ordentlich und gerade hin, der Schwerpunkt bildet mit Achse, Gabel, Sattel und Kopf eine Linie. Die Gabel sollte möglichst senkrecht stehen.

O Korrigiere die Fußstellungen auf den Pedalen, falls nötig. Wenn die Füße zu weit innen stehen, bleibst du bei der der ersten Radumdrehung mit den Knöcheln an den Kurbeln hängen und wirst „ausgehebelt". Die Füße stehen im Bereich zwischen den Ballen und der Fußmitte über der Pedalachse, nicht aber mit den Zehen.

Gute Fußstellung auf dem Pedal. Vorsicht: Wenn du mit den Füßen seitlich zu nah an der Kurbel bist, wirst du dir bei der nächsten Umdrehung die Knöchel abwetzen.

Wenn der Sattel 2-3 cm tiefer eingestellt ist, als für das Fahren in Kapitel **F. 1 Materialkunde** empfohlen, erleichtert das die ersten Aufstiege.

TIPP

D) WEITER GEHT ES MIT DEM FAHREN OHNE STÜTZE

Es ist hilfreich, beide Hände zum Balancieren zu verwenden.

Halte stets die leichte Körperspannung und **knicke vor allem nicht in der Körpermitte ein.**

Lasse dich beim Fahren mit dem ganzen Körper aufrecht langsam nach vorne fallen, um in Bewegung zu kommen, wie beim Laufen.

Nur fortgeschrittene oder sportliche Fahrer mit guter Körperspannung können beim Fahren **leicht** nach vorne knicken und mit diesem Spielraum vor und zurück die Balance besser ausgleichen.

Strecke beide Arme zur Seite, um zu balancieren.

Fahre aufrecht, leicht angespannt.

Mit den Füßen trittst du dann in die Pedale, um vorwärts zu **fahren.**

Das Geheimnis beim Einradfahren besteht darin, **diese beiden Bewegungen** richtig aufeinander abzustimmen: Der Körper gibt die Fahrtrichtung vor, indem er in die entsprechende Richtung fällt. Die Füße treten das Rad vorwärts, um zu verhindern, dass der Körper ganz nach vorne umfällt. Solange man fährt, ist der Körper dem Einrad also immer ein kleines Stückchen voraus.

Wer laufen lernen will, muss sich auch zuerst nach vorne fallen lassen ...

und dann mit den Füßen loslaufen!

Zu vorsichtige Anfänger steigen hinter dem Rad ab, bevor es richtig losgeht. Dagegen steigen die Draufgänger und übereilige Lerner beim Losfahren typischerweise nach vorne ab.

Trittst du zu viel, dann überholt das Rad deinen Körperschwerpunkt und du fällst nach hinten herunter. Tritts du zu wenig und beugst dich zu weit nach vorn, fällst du nach vorne herunter.

Beim Losfahren passiert das meistens denen, die zu vorsichtig sind und mit zu wenig Risiko fahren lernen wollen.

Wenn du das Einrad beim Abstieg nach vorne am Sattel festhältst, dann kann es dir nicht auf die Fersen fallen. Der Sattel hält dann auch länger. Den Sattel hinten statt vorne festzuhalten, ist besser, weil dann dein eigener Arm nicht im Weg ist, während du versuchst, dein Gleichgewicht im Lauf nach vorne aufzufangen.

Draufgänger verlieren die Balance schnell nach vorne.

NOCH EINE LETZTE HILFESTELLUNG:

Solltest du Probleme haben, gleichmäßig vorwärts zu fahren, dann versuche (auch mit Stütze), wieder wie beim Laufen, zuerst **einzelne Schritte.** Das heißt, dass du versuchst, halbe Radumdrehung für halbe Radumdrehung zu fahren. Erst ist der rechte Fuß vorne, dann der linke Fuß. Tritt immer vorsichtig los und wenn die Kurbeln wieder in einer waagerechten Position sind, dann zögere kurz und richte dich wieder etwas auf. Wenn das gut klappt, dann versuchst du es mit ganzen Drehungen: Der rechte Fuß ist vorne und dann fährst du so weit, bis er wieder vorne ist. Stopp! Erst wenn das gut klappt, versuchst du es mit mehreren Radumdrehungen hintereinander. Das Ziel ist eine flüssige Bewegung von mehreren Radumdrehungen. Und schon hast du einige Meter zurückgelegt.

Lerne schrittweise das Fahren: Wenn ein Fuß ganz vorne ist, hältst du kurz inne, bevor der andere Fuß vorfährt.

Korrigiere deine Fehler frühzeitig und nachhaltig!

Sobald du eine deutliche Tendenz zu der einen oder anderen Fehlerart bei dir feststellst, kannst du ganz konsequent daran arbeiten, diesen Fehler abzustellen. Schon wenn du 3 x nach vorne abgestiegen bist, kannst du beim vierten Mal deine Fehler so stark korrigieren, dass sie abgestellt werden. Beim vierten Mal steigst du nicht mehr nach vorne ab! Sonst lernst du nichts und gewöhnst dir einen Fehler oder eine fehlerhafte Haltung an, die du nur ganz schwer wieder loswirst!

27

Achte darauf, auf dem Einrad stets in Fahrt zu bleiben, sobald du einmal gestartet bist, damit du die toten Punkte (wenn die Pedale jeweils ganz unten und ganz oben sind), an denen du die Kontrolle über das Rad am leichtesten verlieren kannst, immer flüssig überwindest.

Wenn du einmal gestartet bist, dann versuche, immer in eine gleichmäßige, kontrollierte Vorwärtsbewegung zu kommen. Je schneller du bist, desto weniger wirst du mit Balancieren beschäftigt sein, da sich die Einheit „Mensch mit Körperspannung & Einrad" bei zunehmender Geschwindigkeit deutlich stabilisiert – solange du nicht durch zu hohe Geschwindigkeit die Kontrolle verlierst. Das ist jetzt wirklich wie beim Fahrradfahren:

Wenn man zu langsam ist, fällt man um!

Achte auch auf deinen Blick: Wenn du weiter vorausschaust, etwa bis zum Hallenbodenende, dann hilft das der Balance, weil du früh erkennst, wann du zur Seite kippst. Du kannst so deine Körperhaltung früher korrigieren!

ACHTE BEIM FREIEN FAHREN AUF FOLGENDES

- Aufrechte Körperhaltung!
- Die Wirbelsäule ist in etwa die senkrechte Verlängerung der Einradgabel.
- Blickrichtung nach vorne, mindestens 3 m vor dir auf den Boden schauen, besser gleich bis zum Ende des Hallenbodens.
- Halte die Körperspannung besonders in Beinen, Hüfte und Rücken.
- Gewicht beim Fahren in die Beine legen.
- Auf den Sattel kommt nur etwa ein Drittel des Gewichts (s. aber Kap. E 1 b).
- Hände weg vom Sattel und die Arme zum Balancieren verwenden.
- Zügig fahren, nicht langsam vortasten.
- Bei einseitiger Stütze oder Hilfe ab und zu die Stützseite wechseln.

TIPPS UND ZUSAMMENFASSUNG

E) GESCHWINDIGKEIT KONTROLLIEREN

Gerade hast du erfahren, wie das Einradfahren grundsätzlich funktioniert: Man lässt sich fallen und hält mit den Füßen auf den Pedalen holt man fortlaufend den Körper immer wieder ein, sodass man sich in einer Art ständiger Fallbewegung befindet. Um schneller zu fahren, muss man nur eine **steilere** Haltung einnehmen und beibehalten, das heißt, der Körper und das Einrad bleiben im Verhältnis zueinander immer noch gerade, aber die Neigung nach vorne ändert sich etwas. **Richtig hohe Geschwindigkeiten kannst du erreichen, indem du in der Hüfte einknickst und dich etwas nach vorne legst.**

a

b

c

a: Langsames Fahren: aufrecht.
b: Schnelles Fahren: nach vorne gelegt.
c: Schnelles Fahren für Fortgeschrittene mit guter Körperspannung: nach vorne gebeugt. Das Einknicken ermöglicht auch schnelles Bremsen, indem du dich dazu nach hinten legst.

Beim Beschleunigen muss man stets feinfühlig vorgehen, denn eine scheinbar geringe Änderung der Neigung zum Boden hin kann eine drastisch erhöhte Tretbewegung erfordern, um den Körperschwerpunkt mit dem Einrad einzuholen und nicht hinzufallen.

Genauso funktioniert übrigens das Bremsen auf dem Einrad: Indem man sich **zurücklegt**, reduziert man das Fahrttempo, sodass eine langsamere Tretbewegung möglich und nötig wird. Auch das Rückwärtsfahren **(s. Kap. B. 1)** wird auf diese Art nach einiger Übung möglich.

F) DIE KURVEN: FAHRTRICHTUNG KONTROLLIEREN

Die Hüfte macht die elegantesten Kurven. Kippe auf einer Seite leicht mit der Hüfte herunter. Solange die Hüfte zum Beispiel links unten ist, fährst du eine Kurve nach links.

Durch das Kippen der Hüfte nach links verlagerst du auch etwas Gewicht auf die linke Seite und damit auf das linke Pedal.

Der Oberkörper neigt sich ebenfalls leicht in die Kurve. Kurven werden verstärkt, wenn du dich schon vor der Kurve etwas nach hinten lehnst. Der Blick leitet die Kurve ein und Kopf, Arme und Oberkörper folgen.

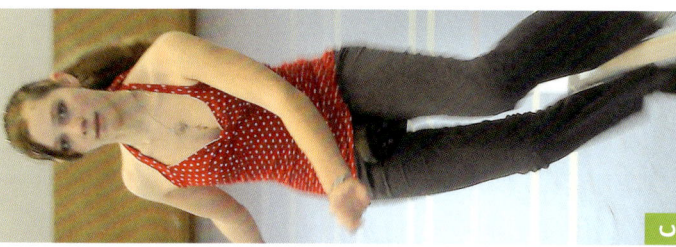
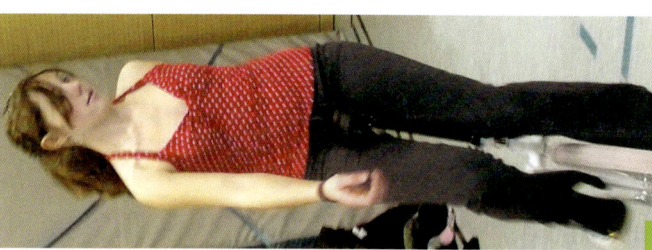
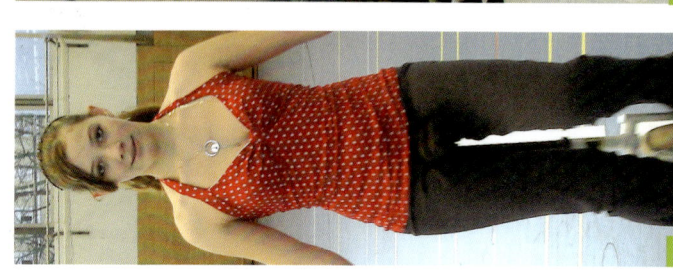

a: Gerade Hüfte: Du fährst geradeaus.

b: Gekippte Hüfte: Du fährst eine Kurve; Arme, Oberkörper, Kopf und Schultern unterstützen das Kurvenfahren. Der Blick gibt die Richtung vor.

c: Enge Kurve: Die Arme unterstützen die Wendung mit Schwung bevor der Blick folgt.

Die Arme hängen am Körper herunter, leicht gespannt. Je enger sie anliegen, desto schneller kannst du dich um dich selber drehen. Allerdings wird es so auch schwieriger, die Balance auf dem Einrad zu halten. Gestreckte Arme helfen ja gerade, die Balance zu halten, weil sie den Körper in der Bahn halten. Gute Kurven kannst du daher nur lernen, wenn du gute Balance ohne erhobene Arme halten kannst.

Halte die Körperspannung. In der Kurve wirst du die Geschwindigkeit etwas erhöhen. Das ist wichtig. Andernfalls fällst du auf dem Einrad in der Kurve um.

Schließlich spielen noch die Tretbewegungen und die Oberschenkel eine Rolle: Drücke mit den Oberschenkeln in Richtung der Kurve gegen den Sattel. Richte Kopf und Oberkörper als erstes in die Kurve. So kannst du viel besser bestimmen und erkennen, wo du hinfährst.

Während des Geradeausfahrens bist du übrigens auch schon immer Kurven gefahren. Das Einrad hält nämlich kaum eine eigene Spur, da es sich nie wirklich stabilisiert, sondern immer im Fallen begriffen ist. So ist letztlich jede Bewegung auf dem Einrad eine Kurve. Indem man lernt, diese Bewegung einseitig zuzulassen, oder eine Seite stärker zu betonen als die andere, wird man bald in eine gezielte Kurvenfahrt übergehen können.

Lege die Arme möglichst an. So kannst du dich schneller drehen. Die Oberschenkel drücken in Richtung Kurve gegen den Sattel.

TIPPS

FÜR SCHARFE KURVEN UND KEHRTWENDUNGEN

Um ganz scharfe Kurven und Wendungen zu fahren, musst du dich erst etwas aus dem Sattel erheben, den Oberkörper drehen und dann das Rad mit Hilfe der Hüfte herumreißen. Tritt dabei die Pedale in der Mitte der Kurve ganz nach unten. Bei einer solchen Kehrtwende fährst du also genau eine halbe Raddrehung. Die Arme unterstützen hier die Bewegung mit Schwung.

G) DER FREIE AUFSTIEG

Es gibt zwei verschiedene Varianten für den freien Aufstieg. Probiere beide aus und finde heraus, welche dir eher liegt. Entscheide dich dann eindeutig, welche du machen möchtest, um die Bewegungen und Abläufe nicht zu vermischen.

Ich nenne die Varianten im Folgenden den **Balanceaufstieg** und den **Pendelaufstieg**:

Der Balanceaufstieg ist ruhiger und eleganter und später für Formationsfahrten, bei wenig Platz und schwierigen Balancen und bei Steigungen und Gefälle wichtig. Um ihn zu lernen, muss man gewisse Anfangsschwierigkeiten überwinden. Beim Aufstieg mit Stütze hast du allerdings schon gelernt, mit diesen Schwierigkeiten umzugehen.

Der Pendelaufstieg ist zunächst einfacher, erfordert aber etwas mehr Mut.

Beim **Balanceaufstieg** drehst du die Pedale in die Position, die abgebildet ist (Foto links unten). Das etwas tiefere Pedal zeigt in deine Richtung. Dann schiebst du den Sattel zwischen den Beinen hoch, ohne die Pedalposition zu verändern und setzt zuletzt den Fuß auf das tiefere, nähere Pedal.

Beim Balanceaufstieg bewegt sich das Rad nicht rückwärts.

Beim Aufstieg mit Stütze hast du schon praktisch erfahren, welche Kräfte sich das Gleichgewicht halten müssen: Durch die Gewichtsverlagerung auf die Pedale wird das Einrad rückwärts **angetrieben**, aber durch den Einsatz einer gleich großen Gegenkraft musst du verhindern, dass es sich rückwärts **bewegt**.

Diese Gegenkraft wirkt über den Sattel mit dem Rest deines Körpergewichts auf das Einrad. Das Bein, mit dem du noch am Boden stehst, stößt sich nach vorne ab und bringt so dein Körpergewicht nach vorne und auf das Rad. Indem du beim Aufsteigen deine Hüfte vorwärts gegen und auf den eingeklemmten Sattel drückst, bewirkst du eine Kraft vorwärts. Dabei schiebst du auch den Sattel übers Rad.

Die beiden Kräfte müssen sich genau aufheben, dann bleibt das Einrad wunderbar still stehen und bewegt sich nicht, auch die Pedale bleiben unverrückt, sodass der Aufstieg kontrolliert gelingt.

Nimm deinen zweiten Fuß vom Boden auf das vordere Pedal. Jetzt lässt du den Sattel mit der einen Hand los, um mit dem freien Arm besser balancieren zu können. In einer flüssigen, kontrollierten Bewegung musst du jetzt dein ganzes Gewicht auf das Einrad bringen, ohne die Pedalstellung zu verändern. Der Kopf und der Oberkörper gehen in einer flüssigen Vorwärtsbewegung nach vorne und gehen direkt über in die Fahrtbewegung. Die Füße verharren kurz in der Balancestellung auf den Pedalen, bevor sie lostreten. Beginne loszutreten, sobald dein Körperschwerpunkt sich nach vorne über die Einradachse bewegt.

Beim **Pendelaufstieg** drehst du die Pedale in die abgebildete Position (S. 34 links oben.) Wie sonst auch schiebst du den Sattel zwischen den Beinen hoch und setzt den Fuß ohne Gewicht auf das nähere Pedal. Dann verlagerst du das Gewicht auf das erste Pedal und nimmst den zweiten Fuß schnell vom Boden hoch. Achte darauf, die Zehen und den Fuß ausreichend anzuheben, um die Sohle auf das zweite Pedal zu bekommen, anstatt daran hängen zu bleiben oder die Pedale gegen das Schienbein schlagen zu lassen. Der kontrollierte Krafteinsatz beim Gewichtverlagern auf das erste Pedal und den Sattel verhindert ebenfalls, dass das zweite Pedal an dein Schienbein schlägt.

Der Kopf und die Schultern verharren beim Aufstieg, während sich das Rad zunächst etwa eine Dritteldrehung rückwärts bewegt.

Es überwiegt die Kraft, die rückwärts antreibt, also das Hineinsteigen in das nähere Pedal. Dadurch wird das Rad unter den Körper gedrückt und nach hinten gefahren. Beim Pendelaufstieg sollen sich die beiden Kräfte nämlich **nicht** aufheben. Das ehe-

Achte beim Pendelaufstieg stets auf die richtige Gewichtsverteilung vom Boden weg auf den Sattel und die Pedale. Das Rad bewegt sich zunächst rückwärts.

mals erste Aufstiegspedal wird dadurch nach vorne gebracht, sodass es möglich wird, erneut in dieses Pedal zu treten und – diesmal vorwärts – loszufahren.

ZUM FREIEN AUFSTIEG, GÜLTIG FÜR BEIDE VARIANTEN

In jedem Fall musst du, sobald der zweite Fuß auf dem Pedal ist, mit dem Vorwärtstreten kurz warten, weil sonst der Körper nicht mitkommt und du wieder nach hinten hinunterkippst. Dadurch entsteht eine kurze Balancephase im Stand, die für den Anfänger den freien Aufstieg so schwierig macht. Nur wenn du in guter Balance auf den Sattel gekommen bist, wirst du dich lange genug oben halten können, um loszufahren.

TIPPS

Denke daran, dass die Kontrolle beim Pedalbesteigen davon abhängt, wie kräftig du hineinsteigst und wie lange und wie schnell du die Tretbewegung ausführst. Finde die richtige Kombination am besten heraus, indem du nur den ersten, schwierigsten Bewegungsteil so oft wiederholst, bis du sicher in eine gute Balance kommst.

Jetzt kannst du zunächst eine ganze Weile frei herumfahren und dein Können genießen und anderen zeigen!

2   ERSTE HINDERNISSE

Das Überwinden von kleineren Hindernissen auf dem Einrad spielt von Anfang an eine wichtige Rolle.

Du wirst außer in Turnhallen auch auf Spielstraßen, holprigen Feldwegen, Sportplätzen, Parkanlagen und Plätzen herumfahren. Um nicht vor jeder Bordsteinkante abzusteigen oder um jedes Steinchen herumfahren zu müssen, entwickelst du am besten recht bald eine Unempfindlichkeit gegenüber unebenem Untergrund und stellst dich den Anforderungen der Umgebung. In der Halle kannst du das auch schon trainieren, indem du über Hockeyschläger, Seile, Bretter oder andere Hindernisse fährst.

Das Herabfahren von kleineren Stufen und das Fahren über Gras stellt kein echtes Problem dar. Tu es einfach!

Schwieriger sind Stufen und Hänge bergauf, das Befahren schmaler Wege oder Grate, Wurzelböden sowie weicher und rutschiger Untergrund. Doch mit Übung lassen sich hier schnell erstaunliche Ergebnisse erzielen. Das Einrad ist ein Multitalent, dessen Beherrschung sich lohnt und Freude macht.

A)   STUFEN

Besonders leicht ist das Herunterfahren von Bordsteinkanten. Eine kurze, plötzliche Beschleunigung des Rades durch das Herabfahren muss aber aufgefangen werden. Deshalb solltest du direkt bei der Abfahrt mit der Hüfte nach hinten einknicken (Das ist das, was du immer vermeiden solltest, als du Fahren gelernt hast!) und das Rad vorschnellen lassen und danach schnell wieder **abbremsen** und dich aufrichten, wenn du unten bist.

35

Achte auf ein federndes Landen und Abbremsen. Am besten kommst du mit waagerechten Kurbelpositionen auf, um das Gewicht auf beide Beine zu verteilen. Knicke dazu in der Hüfte nach hinten ein und stehe etwas vom Sattel auf.

Günstig ist es als Anfänger auch, **an der Kante entlangzufahren, bis die Pedalstellung optimal ist,** d. h., bis sich beim Herunterfahren der Stufe ganz kurz vor der Kante das eine Pedal hinten bzw. bei höheren Stufen genau unten befindet, da du dann beim Herunterfahren durch Rücktritt gleich abbremsen kannst. Achte dann darauf, eine scharfe Kurve zu machen, um im rechten Winkel zur Kante herunterzufahren und nicht mit den Pedalen seitlich hängen zu bleiben.

Wenn der Höhenunterschied mehr als 10 cm beträgt, empfiehlt es sich, zuvor viel Gewicht auf die Pedale zu verlagern und in das Standfahren überzugehen **(s. B 5 Im Stand fahren ...),** um den Stoß abzufangen. Halte die Oberschenkel aber immer dicht genug zusammen, damit der Sattel dazwischen bleibt.

Beim **Herauffahren** von Stufen spielt die Pedalstellung ebenfalls eine wichtige Rolle. Du solltest frontal an die Kante heranfahren und dann fest und mit viel Schwung in das Pedal treten, um die Kante hochzusteigen wie eine Treppenstufe. Dazu ist das Pedal mit deinem stärkeren Bein am besten fast ganz vorne. Lehne dich kurz vor der Kante

36

Lerne, deine Fußstellung zu spüren, um den besten Zeitpunkt zu bestimmen, wann ein Hindernis überwunden werden kann.

nach hinten und knicke in der Körpermitte etwas ein, da du von der Kante stark abgebremst wirst und sonst nach vorne fällst.

Achte darauf, dass du für Tricks, bei denen du über Kanten fährst oder springst, genügend Luft im Reifen hast, sonst können Mantel, Schlauch und Felge Schaden nehmen! Natürlich kannst du Höhenunterschiede auch springend überwinden, sobald du die Technik des Hüpfens beherrschst (s. Kap. B 10). Dazu fährst du schräg an die Kante heran und lehnst dich für den Sprung im Stehen seitlich in die Richtung des Sprungs, bevor du abspringst. Übe zuerst an niedrigen Kanten.

Bei Höhenunterschieden von mehr als 10 cm solltest du das Gewicht mit den Beinen abfangen und nicht fest im Sattel sitzen. Eine Hand hält den Sattel fest, die andere hilft dir zu balancieren.

Beim seitlichen Hüpfen musst du dich aus dem ruhigen Stand genügend zur Seite kippen lassen, bevor du loshüpfst. Achte darauf, möglichst senkrecht zu landen.

Bei schräg verlaufenden Kanten, wie auf dem Foto auf Seite 37 oben, kannst du auch gut die Höhe aussuchen, die du herab- oder hinauffahren willst, und dich langsam steigern.

Knicke mit der Hüfte etwas nach hinten ein und stehe vom Sattel auf, um den Stoß abzufedern.

B) SCHMALE WEGE

Schmale Wege und Fahrten auf schmalen Streifen und Brettern und später auf großen Baumstämmen (ohne Äste!) sind eine tolle Herausforderung für jeden Einradfahrer, da du hierbei **selbst den Schwierigkeitsgrad bestimmen kannst.**

Übe zuerst auf der Straße, indem du mit Kreide einen Streifen von ca. 30 cm aufmalst. Je länger du auf dem Streifen bleibst, desto besser. Jetzt kannst du den Streifen immer schmaler gestalten, bis er nur noch wenige Zentimeter breit ist. In der Halle kannst mit Matten rechts und links eine Bahn legen, die nach hinten enger wird.

Auf Balken, kleinen Mauern und trockenen Baumstämmen zu fahren, vermittelt ein tolles Erfolgserlebnis und ist überraschend einfach.

Besonders schön ist es, alleine über Bretter zu fahren. Zuerst muss man die Kante überwinden oder auf dem Brett selbst aufsteigen, dann auf dem Brett bleiben und hinten wieder hinunterkommen. Mogeln ist nicht möglich.

39

Je schmaler das Brett ist und je höher, desto schwerer wird es. Beachte aber bei schmalen Brettern, dass sie seitlich kippen können, wenn du zur Seite abrutschst.

In Turnhallen macht das Fahren auf den Sitzbänken Spaß – zuerst mit Hilfestellung und Matten an der Seite, dann ohne Hilfe. Fortgeschrittene Fahrer können sich ein **Bänkeviereck** aufbauen und somit auch enge Kurven auf schmalen Wegen üben. Mit drei Sprungbrettern kann man eine Rampe bauen, mit deren Hilfe man auf das **Bänkeviereck** hinauf- und wieder hinabfahren kann.

Auch das freie Herunterfahren am Ende will geübt sein. Hierbei ist es besonders wichtig, dass deine Füße mittig auf den Pedalen stehen, sonst ist die Gefahr einer Überdehnung beim Abfangen des Körpergewichts groß. Beim Herunterfahren von der hohen Kante kannst du dir zuerst helfen lassen. Dabei soll der Helfer dich nur sichern und dafür sorgen, dass du aufrecht bleibst.

Noch bevor du das Ende der Bank erreichst, gehst du etwas aus dem Sattel. Du fährst sozusagen im Stehen weiter, damit du dich beim Landen zwischen den Beinen schützt. Fahre langsam weiter. Mit einer Hand hältst du den Sattel vorne fest, damit du ihn nicht verlierst, wenn du über die Kante kommst. Ziehe dein Einrad leicht nach oben, damit du im Fallen nicht den Kontakt zu den Pedalen verlierst und damit die Kontrolle behältst. Jetzt fährst du einfach weiter und achtest beim Herunterfahren darauf, dass beide Beine möglichst gestreckt und gespannt bleiben.

Als Hilfestellung bei größeren Stufen wie Bänken oder Treppen greift eine Hand unter die Achsel, die andere am Ellbogen.

An der Kante bekommst du eine Hilfestellung, die dir mit der einen Hand unter den Ellbogen und der anderen Hand unter die Achsel greift. Im freien Fall trägt die Hand unter der Achsel einen Teil deines Körpergewichts. Die andere Hand hält dich am Ellbogen im Gleichgewicht. Der Helfer sollte stets neben dem Rad bleiben und entsprechend mitgehen. Diese Hilfestellung kann man auch für andere schwierige Tricks nutzen, wie z. B. das Herunterfahren von mehreren Stufen.

Wenn du unterwegs auf der Bank das Gleichgewicht zu verlieren drohst oder von der Spur abzukommen drohst, ist es oft ungefährlicher, ruckartig eine **Kurve** zu fahren und kontrolliert seitlich herunterzufahren, als unkontrolliert schräg so abzurutschen, dass du mit einem Pedal hängen bleibst. Solltest du bereits umfallen, dann **springe nie planlos vom Rad!** Solange du gut auf dem Sattel sitzt und Kontakt zu den Pedalen hältst, bist du noch am besten geschützt! Warte, bis du sicher weißt, in welche Richtung du fällst und nutze die Zeit, um zu planen, wie du den Sturz am besten abfängst. Wenn du etwas Erfahrung hast, wirst du erstaunt feststellen, wie viele klare Gedanken du noch fassen und entsprechend handeln kannst.

Wenn du auf Sicherheit bedacht bist, dann denke bei gefährlicheren Balancen in größerer Höhe auch immer an folgenden *Leitsatz:*

Steige vom Rad ab, solange du es noch kannst, nicht erst, wenn du musst.

Sicherheit gewinnst du in Situationen, wo im Falle eines Sturzes eine größere Gefahr besteht als beim normalen Fahren, indem du deine Fehler und ihre Auswirkungen von Anfang an minimierst, anstatt unnötige Stürze zu riskieren (vgl. die grundsätzlichen Überlegungen in D 1a).

Bei höheren Balancen geben Hilfestellungen Sicherheit.

C) UNEBENER BODEN

Eine schöne Übung bietet eine Bodenwelle in der Turnhalle, die aus mehreren aufsteigenden und abfallenden Sprungbrettern hintereinander aufgebaut wird.

Auch auf Schotter, Sand oder Waldwegen und in hohen Wiesen kannst du deine Geschicklichkeit testen. Hier hilft eine leicht erhöhte Körperspannung, ein guter Kontakt zu den Pedalen, indem du stärkeres Gewicht darauf legst und bewusstes, schrittweises Treten sowie eine aufrechte Haltung. Zur Sicherheit kannst du noch den Sattel vorne festhalten, damit du ihn unter Kontrolle halten kannst.

Ertaste die Unebenheiten und Hindernisse mit den Füßen. Der Blick ist bei aufrechter Körperhaltung zielstrebig nach vorne gerichtet.

3 GEGENSTÄNDE VOM BODEN AUFHEBEN

Dazu ist eine **niedrige** Sattelhöhe hilfreich. Fahre aufrecht, bis kurz vor den Gegenstand, werde dann langsam und bücke dich und greife **seitlich** im langsamen Vorbeifahren den Gegenstand und richte dich wieder auf. Du kannst auch neben dem Gegenstand pendeln und ihn in dem Moment aufheben, wenn die Pedale sich gerade am Umkehrpunkt befinden.

Bereite die Rückbewegung früh genug bei der Anfahrt vor.

Steigere dich: Zuerst hebst du die 1,5 l Plastikflaschen auf, dann kleinere Flaschen und zuletzt Joghurtbecher und liegende Flaschen. Eine Münze vom Boden aufzuheben, ist eine echte Meisterleistung. Das kontrollierte, ordentliche Zurückstellen einer Plastikflasche auf den Boden stellt ebenfalls eine große Herausforderung dar und kann auch mit unterschiedlicher Füllmenge variiert werden. Eine leere Flasche ist schwerer abzustellen als eine halb gefüllte.

Jetzt ist es wieder Zeit geworden, das Können einfach zu genießen.

Achte auf eine günstige Pedalstellung beim Aufheben. Das rechte Knie ist weit unten, um dem gebückten Oberkörper Platz zu machen.

KAPITEL 2

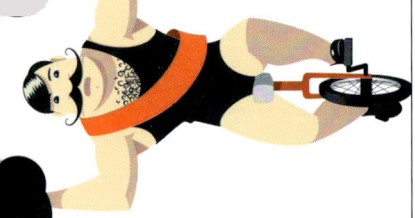

B ERSTE TRICKS UND KUNSTSTÜCKE

1 RÜCKWÄRTS FAHREN

Du kannst vor dem Rückwärtsfahren auch zuerst das Pendeln (**s. Kap. B 2**) auf der Stelle lernen. Es spielt keine große Rolle, womit du anfängst: Sobald du das eine beherrschst, ist es relativ leicht, das andere auch zu lernen, denn Pendeln heißt nichts anderes, als eine kurze Strecke auf der Stelle immer wieder vor- und zurückzufahren!

Wie beim Vorwärtsfahren musst du dich hier in **Fahrtrichtung**, also nach hinten, lehnen. Das erfordert beim Rückwärtsfahren anfangs etwas Mut. Achte auf genügend Platz in Fahrtrichtung und zur Seite, denn anfangs kannst du auch noch nicht gut Kurven fahren.

Du solltest dich ab und zu nach hinten umschauen, damit du beim Fahren zumindest teilweise erkennen kannst, wohin du fährst. Beim Start rückwärts ist der Balanceaufstieg natürlich vorgegeben. Du kannst so den Fuß aufs Pedal bringen und gleich losfahren, weil der Körper schon in die richtige Richtung geneigt ist, nämlich nach hinten.

Übe den Blick nach hinten von Anfang an.

Beim Start schaust du dich erst um, bis alles hinter dir frei ist, dann schaust du nach vorn, dann fährst du gleich los.

Eine Kastengasse und alle anderen Stützen (s. A1b) dienen hier natürlich ebenso als gute Unterstützung.

Wenn du zuerst das Pendeln gelernt hast, kannst du auch folgendermaßen vorgehen:

Beginne zu pendeln, fahre dann ein kurzes Stück zurück, indem du 1-2 ganze Pedalumdrehungen fährst und gehe dann wieder ins Pendeln über. Auf diese Weise lernst du auch das Anfahren und Abbremsen rückwärts ohne Hilfe und bei wenig Platz.

WICHTIG

2   PENDELN

Pendeln bedeutet, auf einer Stelle stehen zu bleiben, ohne absteigen zu müssen.

Es gibt verschiedene Arten zu pendeln. Sie werden im Folgenden vorgestellt. Pendeln erfordert etwas Übung, aber du solltest es unbedingt lernen. Es lohnt sich!

GRUNDTECHNIK

Am besten lernt man das Pendeln zwischen zwei Pfosten oder in einem Türstock ohne Türschwelle, d. h. auf einem ebenen Boden und mit Haltemöglichkeiten auf beiden Seiten. Da du nicht viel Platz brauchst, gibt es erstaunlich viele Übungsplätze. Halte dich beidseitig fest, aber so wenig wie möglich. Es geht aber auch mit einem Griff auf nur einer Seite.

Für ein 20-Zoll-Rad gilt:

○ Beginne bei etwa **waagerechter** Pedalstellung.

○ Bei größeren Rädern ist das hintere Pedal etwas tiefer.

○ Fahre nun eine knappe halbe Pedaldrehung zurück und gleich wieder nach vorn, ohne den Kopf oder die Schultern zu bewegen.

○ Wiederhole die Bewegungen zügig und halte dich so wenig wie möglich fest.

Sobald du sicherer wirst, kannst du die Bewegung des Rades auf etwa eine **Vierteldrehung** reduzieren. Die Bewegung wird dadurch kürzer, du benötigst weniger Kraft, weil der Körper nicht so viel bewegt werden muss.

Versuche auch, zeitweise in den vollständigen Stillstand (den sogenannten *Freeze*) zu gelangen, indem du die Bewegungen der Beine ganz einstellst und nur mit dem Oberkörper balancierst.

Stelle dir vor, dass Kopf und Schultern an der gleichen Stelle bleiben, und das Rad unter dir vor- und zurückgetreten wird. Das Treten leitet die neue Pendelbewegung ein.

48

Kopf und Schultern bleiben immer an der gleichen Stelle! Nur das Rad bewegt sich unter dem Körper vor und zurück. Das Pedal pendelt nach vorne und nach hinten immer gleich weit.

Der tiefere Fuß macht die meiste Arbeit. Er übernimmt die Umkehrung der Fahrtrichtung des Rades und trägt das meiste Gewicht. Der obere Fuß begleitet das obere Pedal passiv. Auf ihm liegt gerade so viel Gewicht, dass der Kontakt zum Pedal erhalten bleibt.

Am schwierigsten ist die seitliche Balance. Wenn du zur Seite fällst, musst du möglichst bald vorwärts (oder wenn du kannst, auch rückwärts) eine kleine Kurve in diese Richtung fahren. So kannst du **die seitliche Kippbewegung in eine Kippbewegung nach vorne oder hinten umwandeln** und diese dann durch eine einfache Gewichtsverlagerung und Tretbewegung ausgleichen. Übe die seitliche Drehung im Pendeln in beide Richtungen, um Sicherheit zu erlangen. Die Arme und Schultern schwingen dabei zuerst in die Drehrichtung.

WICHTIGE TIPPS

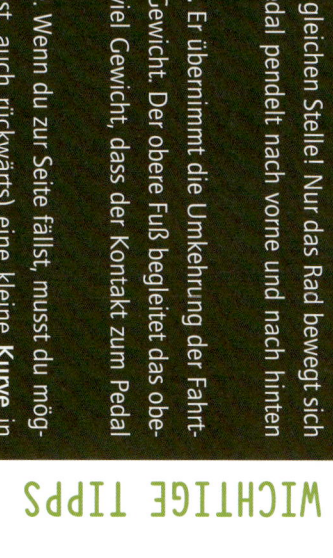

Die Arme leiten die Drehung ein.

3   EINBEINIG PENDELN

Das einbeinige Pendeln ist leichter, als du denkst!

Das einbeinige Pendeln ist leichter, als es aussieht. Schon beim normalen Pendeln verrichtet das untere Bein die meiste Arbeit. Deshalb kannst du den **oberen** Fuß als Nächstes auch ganz wegnehmen.

Übe zunächst, das obere Bein kurz wegzunehmen, wenn das obere Pedal am Ende der Vorwärtsbewegung kurz vor dem Richtungswechsel ist und dein unterer Fuß schon hinten abbremst.

Stelle den oberen Fuß wieder auf das Pedal, wenn es sich nach hinten bewegt, indem du ihm etwas hinterhereilst.

Wiederhole diese Übung immer öfter und länger, bis du den Fuß ganz vom Pedal nehmen kannst. Am einfachsten stellst du ihn dann auf der Gabel ab. Achte darauf, dass der Fuß vom Reifen wegbleibt.

Du kannst aber auch andere Positionen dafür finden: gestreckt nach vorne, seitlich gestreckt nach unten oder angewinkelt über das andere Bein gelegt oder wie beim Ballett gestreckt nach oben.

Als Gag kannst du auch so tun, als ob du das freie Pedal mit dem Fuß suchst, indem du abwechselnd vorne und hinten trittst, wenn das Pedal gerade **nicht** dort ist.

Finde neue Haltungen für das freie Bein.

Hilfe, das Pedal ist plötzlich weg ...

Beim Aufsteigen beginnt man mit dem rechten Fuß auf der linken waagerechten Kurbel, wenn der linke Fuß der gewohnt starke Pendelfuß ist. Damit der Schuh auf der Achse nicht am Knöchel des anderen Fußes auf dem Pedal reibt, drehst du den Pedalfuß etwas nach innen.

4 PENDELN AUF DER KURBEL SEITLICH

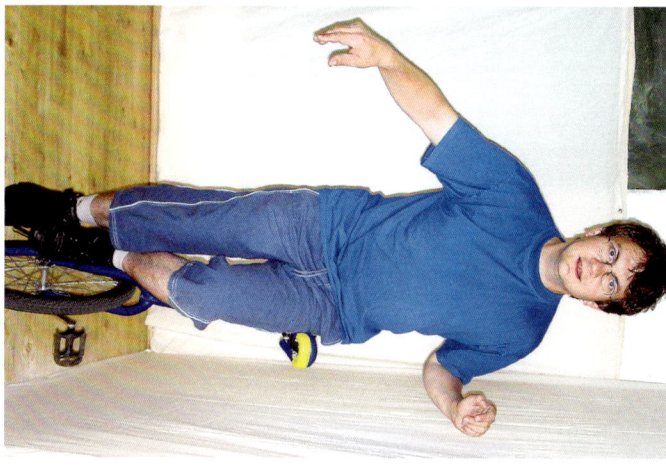

Diese Variante ist schon zirkusreif. Am besten lernst du es mit Festhalten, ohne freien Aufstieg und mit einer Wand gegenüber, die verhindert, dass du auf die gegenüberliegende Seite und damit auf das Einrad fällst.

Der Sattel drückt durch die Schräglage des Einrads seitlich gegen die Hüfte und hält so den Kontakt, wird aber ansonsten nicht festgehalten. Anfangs kannst du den Sattel auch mit einer Hand festhalten.

Beide Füße sind hier im Gegensatz zum normalen Pendeln aktiv: Die Pendelbewegung und die **Pendelumkehrung** steuert der äußere Fuß, der auf dem Pedal steht. Das sollte der gewohnte starke Pendelfuß sein. Der innere Fuß, der auf der Achse steht (s. Foto unten), übernimmt das Gewicht. Wenn das Pedal am Umkehrpunkt ist, verlagert sich kurz dein Gewicht auf den Pedalfuß. Dadurch gibst du dem Einrad den Impuls für den Richtungswechsel. Dieser ist deutlich früher als beim normalen Pendeln, etwa bei einer 45°-Stellung des Pedalarms (s. Fotos unten).

Achte vor allem darauf, nur auf der freien Seite abzusteigen und nicht auf die Seite des Einrads zu fallen, da sich dein innerer Fuß nicht bewegen kann und du dich beim Sturz auf das Einrad verletzen kannst.

Die Gewichtsumverteilung erfolgt jeweils am Ende der einzelnen Pendelbewegung. Dieses Ende ist schon auf dem halbem Weg des Pedals nach oben zur waagerechten Stellung erreicht.

Als krönenden Abschluss schwingst du das innere Bein nach nach vorne und über den Sattel auf die andere Seite und setzt den Fuß auf das freie Pedal und pendelst normal weiter.

Wenn du sehr gut die Balance halten kannst, dann versuche das hier einfach mal.

5 IM STAND FAHREN UND HERAUSNEHMEN DES SATTELS NACH HINTEN, NACH VORNE ODER ZUR SEITE

Schon beim Herunterfahren von höheren Stufen **(s. Kap. A 2a)** hast du den Sattel verlassen, um einen gewissen Sicherheitsabstand zum Sattel zu schaffen und um dich nicht zu verletzen.

Um den Sattel herausnehmen zu können, stehst du jetzt wieder im Fahren oder Pendeln auf (s. Kap. B. 5 S. 54).

Ein niedriger Sattel (ca. 3-5 cm weniger als normal) verschafft beim Herausziehen den nötigen Platz. Nimm den Sattel mit der einen Hand mit **seitlichem** Griff von hinten nach hinten heraus. Dazu zwängst du die Hand am Oberschenkel vorbei. Viele finden das Herausnehmen nach hinten leichter, weil der Sattel vorne schmaler ist und daher besser herauszuziehen ist, und weil es so leichter zu fahren ist.

54

Als Erstes musst du beim Fahren die Beine möglichst lang durchstrecken, um in den Stand zu kommen.

Um einem Zuschauer deutlicher zu **zeigen**, dass der Sattel hinten frei ist, solltest du ihn ganz vorne greifen, sodass du ihn weiter von dir weg nach hinten halten kannst. Benütze die freie Hand zum Balancieren.

Greife den Sattel erst seitlich und rutsche dann mit der Hand ans Ende.

Nach hinten geht der Sattel leichter heraus. Wenn du ihn frei in der Luft hältst, sieht es besser aus.

Stelle dich beim Start gleich vor den Sattel.

Statt den Sattel während der Fahrt herauszuziehen, kannst du mithilfe einer Stütze auch mit herausgezogenem Sattel **starten**.

TIPP

Drücke den haltenden Unterarm seitlich gegen deinen Körper, um eine noch stabilere Körperspannung zu erzielen.

Du kannst den Sattel auch nach **vorne** herausziehen. Dazu stehst du wieder auf und greifst den Sattel vor dir, wiederum von der Seite. Schaue nach vorne, nimm die Oberschenkel auseinander und ziehe den Sattel nach vorne heraus. Ziehe ihn, sobald er heraus ist, nach **oben,** um den Kontakt zu den Pedalen zu steigern und halte ihn gut fest. Du kannst übrigens auch im Pendeln den Sattel herausnehmen. Versuche es!

Beim Fahren ist es sehr hilfreich, wenn du in die Knie gehst.

56

Besonders im **Pendeln** ist es relativ leicht, den Sattel hinten herauszunehmen und **seit-lich am Bein wieder einzuhängen.** Beginne wieder mit einer Stütze als Hilfe.

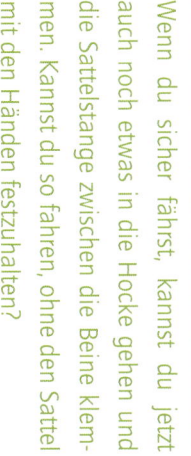

Verteile das Gewicht beim Umsetzen des Sattels trotz Schieflage gleichmäßig auf beide Pedale und hänge den Sattel seit-lich wieder ein. Achte beim Pendeln da-rauf, mit dem Schienbein möglichst nicht am Reifen zu schleifen.

Wenn du sicher fährst, kannst du jetzt auch noch etwas in die Hocke gehen und die Sattelstange zwischen die Beine klem-men. Kannst du so fahren, ohne den Sattel mit den Händen festzuhalten?

6   FLIEGER

Für dieses einfache, aber wirkungsvolle Kunststück musst du den Sattel nach vorne he-rausnehmen. Das kann mit Stütze oder während der Fahrt geschehen. Sobald der Sattel vorne ist, legst du dich mit der Brust auf den Sattel, ohne anzuhalten. Lege nur so viel Gewicht auf den Sattel, dass er gerade festgehalten wird. Die Beine tragen das halbe Gewicht. Strecke die Arme gerade zur Seite, um stabiler zu werden und damit es schö-ner aussieht.

Starte im Haltegriff oder nachdem du den Sattel während der Fahrt nach vorne herausgenommen hast.

Durch Spannung bis in die Fingerspitzen kannst du das halbe Gewicht auf den Sattel legen und mit den Beinen den Einradflieger stabil lenken.

Für diese Übung ist ein höherer Sattel hilfreich – allerdings fällt dann wiederum das Herausnehmen des Sattels schwerer. Du siehst also, dass die Sattelhöhe oft eine gewisse Rolle spielt, aber nicht immer ideal eingestellt werden kann.

Du kannst dich auch während der Fahrt aufrichten und den Sattel wieder zwischen die Beine stecken.

Deutlich ist der Sattel unter der Brust zu sehen.

7 VORSTUFE ZUM ULTIMATE – DRAG SEAT

Drag Seat ist eine gute Vorbereitung für das Ultimate (ausführliche Hinweise dazu s. C **Varianten des Geräts**).

Diese Variante solltest du nur auf glatten Hallenböden oder ähnlichen Böden ausführen, um den Sattel zu schonen und nicht etwa am Untergrund hängen zu bleiben.

Eine gute **Vorbereitung** für den Drag Seat ist das Fahren mit Sattel in der Hand (**s. B. 5**). Achte dann aber darauf, den Sattel möglichst **locker** in der Hand zu halten.

Ziehe den Sattel während der Fahrt nach vorne heraus und lasse ihn von der ausgestreckten Hand auf den Boden fallen, um den Drag Seat zu starten. Lasse den Sattel los, ohne dich nach vorne zu beugen.

Fahre mit dem Sattel am Boden weiter, indem du darauf achtest, dass die wechselnde Gewichtsverteilung auf die Pedale genau stimmt. Wechselst du zu spät, kippt das Rad um. Ein großes Rad kann ruhig etwas an deinen Beinen entlangschleifen, bei kleineren Rädern berühren die Beine das Rad nicht. Das Entlangschleifen verhindert unter Umständen das Kippen des Rades. Eine feste Jeans schont hierbei deine Haut.

Lasse den Sattel vom ausgestreckten Arm fallen. Du kannst ihn auch während der Fahrt wieder aufheben, indem du dich bückst, ohne den Körperschwerpunkt nach vorne zu verlagern.

Wenn du etwas in die Knie gehst, fällt das Fahren leichter.

Den Sattel kannst du auch hinter dir herziehen („Drag Seat" heißt ja eigentlich „Sattel ziehen", nicht „vor sich herschieben"). Achte auf den richtigen Moment, um den Sattel nach hinten loszulassen: Die Pedale sollten in diesem Moment möglichst senkrecht übereinander stehen, weil du so die stabilste Balanceposition hast. Führe den Sattel möglichst tief hinunter, bevor du ihn loslässt.

Du kannst deinen Augen trauen: Der Sattel kann während des Tretens mit der Ferse an der Gabel wieder hochgezogen werden.

Ein großes Rad, wenig Profil und feste Jeans helfen mehr als viele Stunden Übung.

Der am Boden schleifende Sattel wirkt sich bei ruhigem Treten **stabilisierend** auf das Fahren aus. Lediglich plötzliche Kontrollbewegungen sind kaum möglich, da die große Hebelkraft der Sattelstange mit dem schweren Sattel am Ende schnelle Korrekturen verhindert. Achte daher auf ein gleichmäßiges Treten mit angespannter Beinmuskulatur.

8 SPINNING

Beim Spinning machst du schnelle Drehungen um die eigene Achse, indem du dich anfangs von einer Stütze, an der du seitlich vorbeifährst, abstößt. Mit einem Arm fasst du dazu an die Stütze, wirst vorher langsamer und richtest dich neben der Stütze gerade auf und bleibst in dieser Körperhaltung. Stoße dich mit den Armen aus der Schulter heraus kräftig, aber langsam ab.

Stoße dich **gegen** die Fahrtrichtung mit einer Hand kräftig von der Stütze, z. B. von einer Wand oder von einer Laterne, ab und drehe dich um mindestens 180°. Eine ganze Drehung ist nicht viel schwerer, weil die Neigung und ein Teil des Schwungs in Fahrt-

richtung beibehalten werden kann. Während du schon losdrehst, richtest du den Blick möglichst lange nach vorne, um die Orientierung zu behalten und fährst wieder los, kurz nachdem du ausgedreht hast. Der Blick hat inzwischen die Drehung des Körpers überholt und ist in die neue Fahrtrichtung gerichtet. Ihr könnt euch auch gegenseitig mit einer Hand abstoßen und jeder eine Drehung machen.

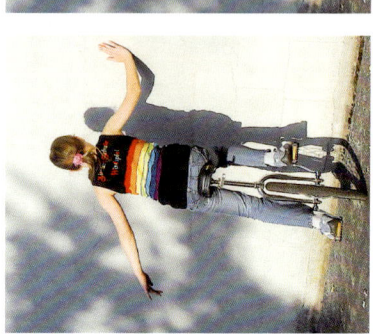

Die Kraft für die Drehung kommt aus der Schulter. Der Blick überholt in der Drehung den Körper, die Arme folgen als Letztes.

9 EINBEINIG FAHREN

Die möglichen Stellungen für den freien Fuß sind beim einbeinigen Pendeln schon beschrieben worden (s. B 3).

Das einbeinige Pendeln stellt auch eine gute Möglichkeit dar, um das einbeinige Fahren vorzubereiten.

Pendle dazu einbeinig und fahre dabei langsam möglichst immer weiter vor und zurück, indem du dich auch entsprechend weit nach vorne und zurück lehnst.

Schon vorwärts pendelst du so weit wie möglich nach vorn.

Wenn das Pedal beim Rückwärtspendeln vorne weit oben ist, lehne dich gut nach vorne und trete entschlossen, aber nicht hastig vorwärts!

Das Pedal ist jetzt ganz vorne und am besten sogar noch **höher als waagerecht**. Versuche jetzt, mit einem kräftigen Tritt vom Pendeln ins Fahren überzugehen. Du musst so fest hineintreten, dass das Pedal bis zum nächsten höchsten Punkt und darüber hinaus dreht. Dein Fuß bleibt immer in Kontakt mit dem Pedal, auch wenn es sich hinten nach ganz oben bewegt. Die dadurch entstehende leichte Bremswirkung musst du ebenfalls berücksichtigen, deshalb musst du noch fester als sonst lostreten. Lehne dich vor dem kräftigen Tritt rechtzeitig mit dem Oberkörper **weit nach vorne**, damit das Rad nicht ohne dich nach vorne herausschießt.

Achte dann darauf, dass du gleich **noch einmal fest durchtrittst**, um auch bei der **nächsten** Umdrehung wieder genug Schwung zu haben. Erst nach 2-3 Umdrehungen stellt sich eine ruhige Fahrbewegung ein, da du nun genug Schwung hast. Zum Bremsen wirst du nach und nach langsamer und gehst dann **schlagartig** wieder direkt ins Pendeln über. Achte auch hier wieder darauf, die Bremsung durch die Körperhaltung nach hinten einzuleiten.

Eine zweite Variante, um das einbeinige Fahren zu lernen, besteht im **zeitweiligen Ab-heben** des zweiten Beins beim normalen Vorwärtsfahren.

Jedes Mal, wenn das Pedal des zweiten Beins den höchsten Punkt erreicht, nimmst du den Fuß vom Pedal und bewegst ihn knapp über dem Pedal durch die Luft, um ihn nach kurzer Zeit wieder auf dem Pedal aufzusetzen.

Dann steigerst du dich, indem der zweite Fuß immer länger vom Pedal wegbleibt, bis du ihn ganz vom Pedal nehmen kannst. Achte darauf, dass du dabei sehr bewusst fährst, da du hierbei leicht stürzen und dich verletzen kannst.

10 HÜPFEN UND SPRINGEN

Als ideale Vorübung hüpfst du **ohne Einrad** mit beiden Füßen gleichzeitig auf den **Fußballen** und unbedingt mit **durchgestreckten** Knien. Verwende allein die **Sprungge-lenke** und die **Rückenmuskulatur.**

Als Nächstes hüpfst du mit den Füßen leicht versetzt hintereinander in dem Abstand, wie sie auch auf dem Einrad stehen.

Beginne das Üben auf dem Einrad im Stand mit einer Hand an der Stütze, mit der anderen am Sattel. Die Pedale sind in gleicher Höhe. Die Füße stehen mit den **Ballen** auf den Pedalen, um die Kraft des Sprunggelenks optimal zu nutzen, stehen also weiter nach hinten heraus als sonst. Die Schwierigkeit beim Hüpfen und Springen besteht darin, das Einrad beim Sprung mit in die Höhe zu ziehen und den Kontakt zu den Pedalen zu behalten. Indem du **eine Hand an den Sattel** nimmst und damit das Einrad hochziehst, lässt sich das Problem am leichtesten lösen. Nütze die andere Hand zur Balancehaltung.

Versuche auch, das **Hüpfen ohne Hände** zu lernen.

Drehe dazu die Fußspitzen leicht nach innen. Dadurch berühren deine vorderen Oberschenkelmuskeln den Sat-tung.

Die Sprunghöhe ist relativ gering. Wichtig ist die gera-de, angespannte Körperhal-tung.

tel. Die Balance hältst du, indem du in die Richtung hüpfst, in die du zu fallen drohst. Genau wie beim Pendeln bringst du so den Schwerpunkt wieder über die Achse und erlangst dein Gleichgewicht zurück.

Jetzt kannst du den Sattel im Stehen beim Springen einklemmen, indem du die **Oberschenkel anspannst** und genügend zusammendrückst. Gleichzeitig müssen die Sprunggelenke aber einigermaßen frei beweglich bleiben für das Hüpfen. Weil die Beine in einer festen Stellung und die Füße auf den Pedalen bleiben müssen, kommt der Schwung fast nur aus den Sprunggelenken!

Du kannst im Stand hüpfen (s. auch A 2 Stufen) oder auch Drehungen machen. Die Kraft für den Drehhüpfer kommt aus der **Hüfte**. Versuche zuerst Drehungen um 90°. Wenn du 180° schaffst, bist du schon sehr gut. Natürlich kannst du auch zur Seite hüpfen oder nach vorne.

Der Sprung kommt wie bei der Vorübung aus dem Sprunggelenk heraus. Wenn du im Sprung den Kontakt zu den Pedalen verlierst, landest du unkontrolliert unsanft. Ziehe deshalb anfangs das Einrad am Sattel mit hoch.

WICHTIG

Achte darauf, dass du beim Sprung nach oben nie den Kontakt zu den Pedalen verlierst, da du sonst beim Landen die Kontrolle über das Einrad verlierst und dich ernsthaft verletzen kannst (z. B. zwischen den Beinen, aber auch am Schienbein).

Der Sattel reibt beim Hüpfen zuerst noch mit großer Kraft an den Oberschenkeln. Das tut bisweilen ganz schön weh und du wirst öfter Pausen machen müssen. Achte darauf, dass die **Haut**, die den Sattel berührt, nicht am Sattel auf- und abschabt, sondern das **Gewebe** unter der Haut über dem Muskel hin- und hergeschoben wird. Das erreichst du, indem immer die gleiche Stelle am Sattel bleibt. So verwandelst du die Hautabreibung in eine Art Oberschenkelmassage, die viel weniger wehtut. Eine Radlerhose kann auch sehr hilfreich sein!

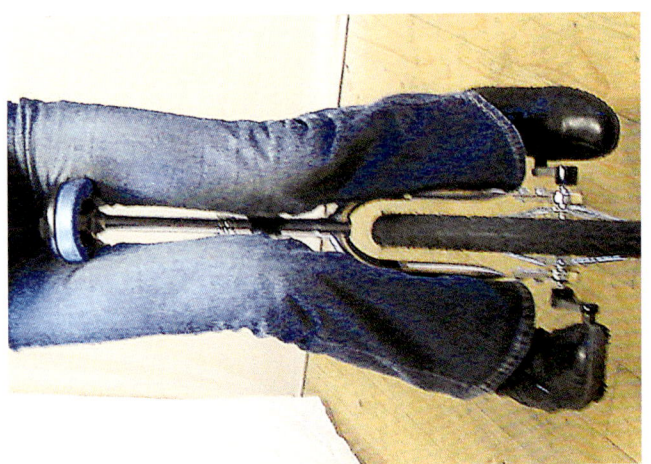

Ziehe den Sattel mit deinen Oberschenkeln in die Höhe.

11 SEILSPRINGEN AUF DEM EINRAD

Das Sprungseil sollte fest und an den Griffen frei drehend sein. Am besten geeignet sind einfache Sprungseile aus Plastikkabeln.

Das Seil für das Einradspringen sollte nur etwa 10 cm länger sein, als die übliche Länge, die man zum Seilspringen benutzt. Halte beide Griffe in **einer** Hand und steige auf das Einrad. Beginne dann zu hüpfen, wobei du zuerst noch den Sattel mit der freien Hand hochziehen kannst. Lasse dann aber den Sattel los und richte dich auf, ohne das Springen zu beenden.

Ein Plastikseil ist dünn, bewegt sich schnell durch die Luft und ist gut lenkbar.

Beginne dann, das Seil neben dir zu schwingen. Stelle jetzt das Timing ein: Jedes Mal, wenn das Seil den Boden leicht berührt, solltest du dich mit dem Rad in der Luft befinden. Halte diesen Rhythmus und greife mit der zweiten Hand hinüber zu den Griffen, ohne das Timing aufzugeben. Nimm dann je einen Griff in eine Hand und ziehe die Griffe auseinander, kurz bevor das Seil ganz oben ist, sodass beide Hände in die endgültige Seilspringposition kommen.

Halte anfangs beide Griffe in einer Hand.

Den richtigen Start in den Sprungrhythmus zu finden und dann zu halten, ist das Schwierigste beim Seilspringen auf dem Einrad. Am besten passen zwei Sprünge auf einen Schwung. Dann musst du auch nicht so hoch springen, kleine, gezielte Hüpfer reichen völlig!

ALTERNATIVER START:

Beginne den Seilschwung ohne Hast, wenn du gerade eine neue Sprungbewegung nach oben machst. Dann sollte dein Seil gerade über den Kopf geflogen sein, wenn du wieder am Boden bist. So passt das Seil genau (noch) unter den zweiten Sprung. Das Rad fällt dann relativ knapp hinter dem Seil auf den Boden. Das ist günstig, weil dadurch die Einradbalance zum schwierigsten Zeitpunkt des Seilschwingens schnell wieder stabiler wird.

Der Vorteil dieses 2:1-Timings besteht darin, dass alles langsam und kontrolliert abläuft. Außerdem unterstützen die Sprungbewegungen die Seilbewegung, da jetzt beide Geräte bei der **ersten Sprungbewegung gleichzeitig hochgezogen** werden und dann beide abwärts gezogen werden, wenn das Seil gerade über dem Kopf war und wieder nach unten kommt. Beim eigentlichen Seilsprung (dem zweiten Hüpfer) befindet sich **das Seil in der Abwärtsbewegung, während das Einrad schon aufsteigt**, sodass optimal Platz unter dem Rad entsteht. Springe mit dem Einrad beim eigentlichen Seilsprung eher zu früh als zu spät los. Das Rad sollte recht schnell wieder auf dem Boden sein, sobald das Seil durchgeschlagen ist, um eine optimale Kontrolle der Balance zu erreichen.

Beginne also mit langsamen Seilschwüngen und nicht zu langsamen Sprüngen. Dann entsprechen **zwei** Sprünge auf dem Einrad genau einer Seilumdrehung. Später

Alternative: Bevor der Seilschwung beginnt, hast du einen gleichmäßigen Sprungrhythmus gefunden, während du das Seil ruhig mit beiden Händen hinter dir hältst.

kannst du das Seil etwas schneller drehen und deutlich langsamer springen und damit genau auf **einen** Radsprung pro Seildrehung kommen.

Hier wird das Seil beim zweiten Sprung im 2:1-Timing genau unten durch passen.

Im Timing 1:1 sind Seil und Rad hier wieder in der gleichen Position wie beim zweiten Sprung im Timing 2:1, das Rad springt nur höher und landet später.

Du kannst **das Timing** deiner Sprünge und Schwünge auch gut **üben**: Schwinge dazu das Seil weiterhin nur auf einer Seite mit beiden Griffen in **einer** Hand. Immer dann, wenn dein Seil auf der Seite den Boden leicht berührt, solltest du mit dem Rad in der Luft sein.

Wenn du zwei Helfer hast, können sie ein Seil schwingen, über das du springst. Dann musst du dich nicht gleichzeitig auf Einrad und Seil konzentrieren und kannst den Trick besser aufbauen **(s. Kap. E 2 a)**. Ihr könnt auch zu dritt Seilsprünge mit dem Einrad üben: Zwei schwingen dabei das Seil und der Dritte springt auf dem Einrad. Ihr könnt

TIPP

Vergewissere dich vor dem Losschwingen, dass das Seil hinter dir frei herunterhängt und nicht festhängt, damit dir ein einwandfreier Start gelingt.

euch abwechseln, sodass jeder üben kann, wenn ihr alle drei Einradfahrer seid. Vielleicht entsteht so schon eure erste Nummer?

Dazu fährst du zunächst nur senkrecht zwischen den beiden Seilschwingenden durch, um den richtigen Moment zu finden, in dem du dann einsteigen kannst. Du fährst in die Richtung, in die sich auch das Seil über den Boden bewegt, also dem Seil hinterher, hinein. Am besten näherst du dich langsam an die Position an, wo das Seil vorbeischwingt, um eine mögliche Angst vor dem Seil zu verlieren, bis es dich fast berührt. Dann fährst du zügig los bis in die Mitte, um dort zu springen, oder fährst noch einmal ganz durch, wenn das Seil in Kopfhöhe von dir wegschwingt.

TIPP

Der Weg ist übrigens kürzer, wenn du nicht senkrecht, sondern direkt neben einem Seilschwinger schräg hinein zur Mitte fährst.

C VARIANTEN DES GERÄTS

1 GIRAFFE

A) VORBEREITUNGEN UND AUFSTIEG

Ein hohes Einrad mit Riemen- oder Kettenantrieb heißt **Giraffe**.

Giraffefahren ist leicht! Es ist vor allem eine Frage des Mutes. Die Giraffe wiegt deutlich mehr als das Einrad und reagiert daher etwas langsamer auf deine Bewegungen. Das hat aber auch den Vorteil, dass sie langsamer umfällt und du daher mehr Zeit hast, um zu reagieren. Alle Bewegungen müssen also mit mehr Kraft und eventuell langsamer oder verzögert ausgeführt werden. Du wirst aber feststellen, dass diese Unterschiede gering sind und du dich schnell an das neue Gerät gewöhnen kannst. Wichtig ist die richtige Wahl des Geräts beim Kauf (**mehr dazu s. Kap. F 1**).

Die Giraffe ist ein Einrad mit Kettenantrieb.

Der Aufstieg funktioniert zuerst wieder nur mit Stütze und von einem erhöhten Standpunkt. Du kannst entweder von einem Kasten in der Turnhalle aufsteigen oder zu einem Tisch gehen oder in deiner Umgebung etwas ausfindig machen, das zwischen 80 und 120 cm hoch ist und einen sicheren Stand bietet (Sprossenwand, Mauern, Bretterstapel, Verteilerkästen, Parkbanklehnen, Mülltonnenhäuschen, Laderampen usw.). Achte einfach darauf, dass du niemandem im Weg bist und kein Verkehr um dich herum zur Gefahr werden kann, dann findest du schon eine geeignete Stelle! Achte auf kurze Schnürsenkel, denn wenn sich ein loser Schnürsenkel um das Pedal oder die Kurbel wickelt, zieht er sich fest und du kannst plötzlich nicht mehr weitertreten. Dann stürzt du unweigerlich von der Giraffe und kannst dich schwer verletzen.

Zur Not suchst du dir 1-2 kräftige Helfer, die die Giraffe halten, während du hinaufkletterst. Zu Beginn brauchst du ohnehin noch einen Helfer, der dich begleitet.

Unabhängig davon, wo du aufsteigst, sollten du und deine Helfer – zusätzlich zu den allgemeinen Regeln für die Stütze **(s. Kap. 1b)** – Folgendes beim Giraffenaufstieg beachten:

Klettere möglichst nahe an der Stange hoch und ziehe dich beim gesamten Aufstieg auch am Sattel und an der Schulter des Helfers hoch.

Die Pedale befinden sich beim Aufstieg im Gegensatz zum Einrad immer senkrecht **übereinander.**

Auch ein Helfer alleine sollte mit seinen Füßen das Rad in beide Richtungen blockieren. Beide Hände greifen die Sattelstange.

Die Helfer blockieren während des gesamten Aufstiegs das Rad mit einem Fuß vorne und einem Fuß hinten. Diese Blockierung des Rades ist die wichtigste Aufstiegshilfe. Wenn nur ein Helfer da ist, steht das Rad zwischen seinen Füßen. Das untere Pedal zeigt von ihm weg. Mit beiden Händen greift der Helfer kurz unter dem Sattel an die Stange.

Den Sattel greifst du beim Aufstieg als Erstes. Halte ihn **vorne** fest (s. Fotos). Mit der anderen Hand hältst du dich an der Schulter des Helfers fest. Beim Hinaufklettern steigst du zunächst auf den Reifen und klemmst den Fuß am besten in die Gabel. Damit blockierst du auch zusätzlich das Rad.

Die Fußspitze berührt beide Gabelstangen.

Lege die Hand von außen auf den Sattel. Greife den Sattel vorne mit den Fingern.

Steige langsam auf das erste Pedal und bleibe nahe am Rad.

Dann stößt du dich vom Boden ab und steigst auf das untere Pedal. Sobald du dein Gewicht auf das untere Pedal gebracht hast, kann das Rad nicht mehr wegrollen (selbst wenn es nicht vom Helfer blockiert wird). Bewege dich aber nicht ruckartig, sondern langsam und kraftvoll und halte dich nahe an Helfer und Radgabel.

Steige vorsichtig über den Arm des Helfers auf das obere Pedal. Der Sattel bleibt frei.

Jetzt kommt der schwierigste Teil. Hebe dein Bein vom Reifen hoch und steige über den Arm des Helfers auf das obere Pedal. Du musst dabei noch nicht auf den Sattel kommen. Der Helfer kann auch kurz mit der Hand loslassen und den Fuß des Fahrers vorbeilassen.

Gehe jetzt auf den Sattel, indem du etwas mehr in das **obere** Pedal steigst und dich gut festhältst. Sobald du im Sattel sitzt, verteilst du dein Gewicht wieder auf die Pedale! Der Helfer achtet darauf, dass das Rad dabei gut blockiert ist.

Steige über den Sattel und setze dich darauf. Gib dann wieder genug Gewicht in die Pedale.

Nimm jetzt deine Hand von der Schulter des Helfers und greife stattdessen seine Hand. Jetzt übernimmst du die Kontrolle, indem du beginnst, das Rad über die Pedale zu steuern. Du wirst sehen, dass es sich ähnlich wie ein Einrad kontrollieren lässt. Der Helfer nimmt auf dein Zeichen hin zuerst den vorderen und dann den hinteren Blockierfuß weg.

Zuerst reicht dir der Helfer die Hand, dann zieht er die blockierenden Füße zurück: zuerst vorne, dann hinten.

Bevor du losfährst, gehst du in die Startposition, in der beide Pedale etwa auf gleicher Höhe sind. Richte dich auf und halte die Körperspannung. Du kannst zuerst versuchen, an der Hand zu pendeln oder gleich losfahren. Der Helfer bietet dir zuerst noch Halt und geht etwas auf Abstand. Wenn du dich an das Rad gewöhnt hast, bis du dich an das Rad gewöhnt hast. Es ist träger und reagiert deshalb langsamer auf deine Bewegungen, was ein Vorteil sein kann. Reagiere deshalb frühzeitig und kräftig.

Der Fahrer ist in Startposition, der Helfer reicht weiterhin eine Hand und gibt den Weg frei. Jetzt kannst du dich an das Pendeln gewöhnen oder versuchen loszufahren.

Wenn du lange genug mit Helfer oder hoher Stütze das Fahren geübt hast, ist es Zeit für das erste freie Fahren. Am besten suchst du dir eine kurze Strecke zu einem weiteren Haltepunkt. Achte darauf, dass der Weg frei und dein Zielpunkt stabil ist. Eine Laterne eignet sich sehr gut dazu. Fahre normal bis zu deinem Ziel und lasse dich **nicht** das letzte Stück nach vorne fallen.

Jetzt kannst du umdrehen und zum Helfer zurückfahren oder absteigen. Fahre schrittweise und wiederhole die Übungsschritte wie beim Einrad. Bald wirst du dich ganz an das neue Gerät gewöhnt haben.

Fahre konzentriert zum Ziel. Etwa 3 m sind zu Beginn eine gute Strecke.

Ein Laternenpfahl ist eine gute Stütze. Man kann damit sogar alleine auf- und absteigen.

Oben rechts: Auch bei mehreren Helfern blockieren die Füße der Helfer das Rad bis zum Ende des Aufstiegs in beide Richtungen!

Rechts: Alternativ kannst du beim Aufstieg auch gleich auf das untere Pedal steigen, ohne den Reifen zu benutzen.

B) FREIER AUFSTIEG UND ABSTIEG

Natürlich kann man auch ohne Hilfe und frei auf die Giraffe aufsteigen.

Stelle sie dazu nahe vor dir auf. Achte darauf, dass du in alle Richtungen mindestens 4 m Platz hast. Die Pedale stehen senkrecht übereinander! Halte mit einer Hand das obere Pedal fest, mit der anderen den Sattel vorne (s. Foto u.). Steige nun auf das untere Pedal, indem du deinen Fuß in einem hohen Schritt nach oben hebst.

Fasse den Sattel mit einer Hand vorne, die andere Hand hilft beim Balancieren. Lehne das Rad leicht nach vorne und nähere dich mit dem Standbein der Giraffe, um mit dem Körperschwerpunkt möglichst nahe an das Rad heranzukommen. Der Druck vom Fuß auf das untere Pedal verhindert das Wegrollen des Rads.

Halte das Rad am Sattel und am oberen Pedal und stelle dich nahe an den Reifen.

Steige auf das untere Pedal und bleibe dabei mit dem anderen Fuß möglichst ruhig stehen.

Übe mehrmals hintereinander den kontrollierten Aufstieg auf das zweite Pedal und bis zum Sattel hinauf und wieder hinunter, bevor du versuchst, oben zu bleiben. Sobald du auf den Sattel gekommen bist, setzt du dich und beginnst zu pendeln, meistens zuerst nach hinten.

Steige jetzt zügig auf das zweite Pedal, indem du deinen Schwerpunkt stets nahe an der Stange hältst und dich am Sattel nach oben ziehst. Mit dem Fuß am Boden stößt du dich gleichzeitig kräftig ab. Stelle dich dann mit dem Gewicht auf beide Pedale und steige über den Sattel. Eine relativ niedrige Sattelhöhe hilft dabei. Erst wenn du sicher im Sattel sitzt, lässt du ihn mit der Hand vorne los. Beginne mit dem Pendeln, sobald du den Sattel unter Kontrolle halten kannst, selbst wenn du noch nicht fest darauf sitzt, um Zeit zu sparen.

NEBENBEMERKUNG:

Wenn deine Schritthöhe zu gering ist, dann benutze den Reifen, wie in C 1a) beschrieben, als Zwischenstufe (s. Foto links). Blockiere das Rad mit der Fußspitze an beiden Gabelstangen und steige zügig auf das untere Pedal hinauf.

Der Fuß klemmt beim Zwischenschritt zwischen Rad und beiden Gabelstangen.

WICHTIG

Beginnst du zu früh mit der Pendelbewegung, dann kann der Sattel zwischen den Beinen herausgedrückt werden, wodurch du die Kontrolle über die Giraffe völlig verlierst. Beginnst du aber zu spät mit dem Pendeln, dann schaffst du es womöglich nicht mehr, deine Schräglage, in die du während des freien Aufstiegs meistens kommst, auszugleichen. Besonders eine Schräglage zur Seite ist gefährlich und lässt sich schwer ausgleichen, da du zuerst eine Kurve in diese Richtung fahren musst, bevor du durch Pendelbewegungen die Giraffe unter den Schwerpunkt deines Körpers bekommst (s. Pendeln, B 2). Ein richtiges Timing des Starts der Pendelbewegungen ist daher nötig.

Es gibt zwei Möglichkeiten, frei abzusteigen: nach vorne oder nach hinten. Zur Seite abzusteigen ist viel zu gefährlich und sollte unbedingt vermieden werden. Robert empfiehlt das Absteigen nach hinten bzw. den Abstieg, bei dem du dich sicherer fühlst.

Für das Absteigen nach hinten fasst du den Sattel vorne an und lässt ihn nicht mehr los, bis du unten bist. Du fährst zuerst immer langsamer, bis die Kurbelstellung senkrecht ist, dann nimmst du den oberen Fuß nach hinten vom Pedal und lässt das Rad nach **vorne** rollen. Dadurch kannst du sehen, wo das Rad hinrollt und dafür sorgen, dass es nirgends hängen bleibt oder jemanden gefährdet. Mit dem zweiten Fuß bleibst du auf dem Pedal und damit auf der Giraffe (!), bis du siehst, wie der Reifen nach vorne rollt. Kurz bevor du den Boden erreichst, nimmst du den zweiten Fuß vom Pedal, um mit beiden Füßen gleichzeitig landen zu können. Du selbst fällst senkrecht, den Blick nach vorne gerichtet, genau dahin, wo sich vorher das Rad befand. Durch Einknicken der Knie federst du das Aufkommen ab.

Andreas empfiehlt den Abstieg nach vorne:

Für den sicheren freien Abstieg nach vorne brauchst du genügend Platz **vor und hinter dir**. Bewege dich langsam und kontrolliert und springe keinesfalls von den Pedalen, solange das Rad noch gerade aufrecht steht, sonst fällst du unkontrolliert herunter und auf das Rad.

Greife den Sattel hinten mit einer Hand, beende die Tretbewegungen vorwärts, bis die Pedalstellung senkrecht ist und lasse das Rad vorwärts umfallen, während du selbst aufrecht und angespannt bleibst. Nimm jetzt den oberen Fuß vom Pedal, als ob du einen laaaangsamen Schritt nach vorne machst. Auf halber Strecke nach unten, wenn du spürst, dass der zweite Fuß nicht mehr nach unten gegen das Pedal drückt, springst du mit dem zweiten Fuß **leicht** ab und landest mit beiden Füßen gleichzeitig. Gehe in die Knie, um den Aufprall etwas abzufangen. Lasse den Sattel nur los, wenn du sonst das Gleichgewicht am Boden verlierst.

Lasse dich kontrolliert nach vorne kippen und behalte den zweiten Fuß lange genug am Pedal. Lande mit beiden Füßen gleichzeitig. Beachte die Schräglagen der Giraffe im Vergleich zur stets senkrechten Körperhaltung!

Beim Abstieg kannst du nicht sehen, was hinter dir passiert. Dort kann jemand vorbeilaufen. Oder es befindet sich dort ein festes Hindernis, näher als erwartet. Da beim Abstieg nach vorne das Rad nach hinten rollt, stoppt das Rad an so einem Hindernis möglicherweise. Dann drückt der Sattel mit viel Kraft in dein Kreuz und du wirst unkontrolliert nach vorne geschleudert. Diese Gefahr besteht beim Abstieg nach hinten nicht, allerdings haben wir festgestellt, dass viele Fahrer sich vor dem Abstieg nach hinten mehr fürchten und deshalb unnötige Fehler machen. Überlege gut, welcher Abstieg dir mehr liegt und entscheide dich fest für einen der beiden. Mische sie nicht, wenn du absteigst!

C) GIRAFFE FÜR FORTGESCHRITTENE

Grundsätzlich ist alles, was auf dem Einrad möglich ist, auf die Giraffe übertragbar: das Rückwärtsfahren und Pendeln, den Sattel herausnehmen und Seilspringen, das einbeinige Fahren und über Wurzeln zu fahren usw.

Besonderen Wert solltest du auf das Pendeln legen, da du dann jederzeit anhalten kannst, ohne abzusteigen oder eine Stütze zu suchen. So sparst du dir langwierige Aufstiege und demonstrierst Kontrolle.

2   ULTIMATE

A)   VORBEREITUNGEN

Das **Ultimate** ist ein Einrad ohne Sattel und Gabel.

Wie sich das Ultimatefahren anfühlt, konntest du auch schon beim „Drag Seat" **(s. Kap. B 7)** erfahren. Für einen ersten Test, wie so ein Gefährt wirklich fährt, kannst du die Gabel von einem Einrad abschrauben. Allerdings empfiehlt es sich, ein Ultimate zu kaufen, wenn du länger damit fahren willst, weil es viel besser ausgewogen ist. Ein gutes Ultimate verkauft Pichlerad **(s. Kap. F 5)**.Nähere Informationen zum Gerät stehen im Kap. **F 1c)**.

Ein Ultimate kann ohne den Fahrer rollen ...

Das Ultimate ist nur etwas schwerer zu fahren als ein Einrad. Du musst es aber **neu** fahren lernen, da sich viele Bewegungen **nicht** auf das Ultimate übertragen lassen. Neu ist vor allem, dass du gar kein Gewicht über den Sattel abstellen kannst und ihn auch nicht beim Lenken einsetzen kannst.

WICHTIG

Beim Fahren belastest du die Füße, wie beim Laufen, ganz unterschiedlich: Wenn ein Fuß mit Pedal **oben** ist, sollte fast gar kein Gewicht auf diesem Fuß liegen, gerade genug, um den Kontakt zum Pedal nicht zu verlieren. Wenn ein Fuß mit dem Pedal ganz **unten** ist, stehst du fast mit dem ganzen Gewicht auf diesem Fuß. Ein Ultimate zu fahren ähnelt deshalb dem **Laufen**. Stelle dir nicht vor, damit zu fahren, sondern auf eine besondere Art zu laufen: Am besten funktioniert es, wenn du das Gefühl hast, dass deine Füße sich leicht über Kreuz bewegen. Du kannst das auch ohne Rad testen.

Überkreuze die Füße beim Laufen.

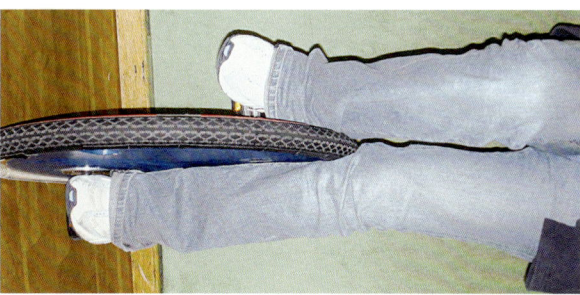

So wechselt die Gewichtsverteilung bei jeder halben Umdrehung auf dem Rad, wie beim Laufen bei jedem Schritt. Dieser Wechsel muss auf dem Ultimate besonders gut kontrolliert werden, um ein plötzliches Umkippen zur Seite zu vermeiden. Halte deinen Kopf stets auf gleicher Höhe und **gehe immer deutlich in die Knie**, selbst dann, wenn die Pedale auf gleicher Höhe sind, um jederzeit Kontrolle durch schnelleres oder langsameres Treten erlangen zu können, und fahre stets mit ziemlich angespannter Beinmuskulatur. So kannst du auch deinen Körperschwerpunkt zur besseren Balance je nach Bedarf etwas nach vorn und hinten schieben.

Das absichtliche Schleifen des Reifens am Innenbein entlang hilft oft mit, das unbeabsichtigte Umkippen des Rades zu verhindern. Dazu muss die Beinmuskulatur immer gut angespannt sein und die Beine dürfen beim Fahren nie seitlich auseinander gehen, während das Rad hin- und herwiegt.

Anstrengend, aber hilfreich ist es, die ganze Zeit in die Knie zu gehen.

Halte die Beine anfangs ruhig kraftvoll eng nebeneinander.

Um an deinen Beinen die Haut, die beim Schleifen schnell stark abgerieben wird, möglichst gut zu schützen, empfiehlt sich geeignete Kleidung und Schützer. Am besten eignet sich eine **weite** (!) Jeans, da sie stabil ist, gut am Ultimatereifen rutscht und innen gut lüftet und damit Feuchtigkeitsbildung verhindert. Eine feuchte Haut wird viel schneller abgerieben. Außerdem verringert Silikonspray die Reibung des Reifens. Ein Reifen mit wenig Profil ist **jedenfalls** empfehlenswert, egal, ob er alt oder neu ist.

Weitere Tipps, wie du das Fahren verbessern kannst, indem du das richtige Material verwendest, findest du in Kap. **F 1c).**

B) DER FREIE AUFSTIEG

Zum Aufsteigen stellst du das Ultimate – anders als das Einrad – so hin, dass ein Pedal fast ganz unten ist und setzt einen Fuß darauf. Wenn du beim Aufstieg gaaanz laaaaaaaaam Gewicht auf das Rad gibst, kannst du mit deiner Beininnenseite den Reifen oben gegenhalten, dann kippt das Rad nicht zur Seite. Das untere Pedal ist etwas näher bei dir als das andere. Dabei soll der Kontakt zum Reifen auch verhindern, dass das untere Pedal bis ganz unten sinkt, dann ist ein Start nämlich kaum mehr möglich. Sobald du das ganze Gewicht auf das untere Pedal gibst, hebst du das zweite Bein ab und gehst auf das obere Pedal. Gehe dabei in die Knie.

Um **lostreten** zu können, musst du mit dem zweiten Fuß von hinten gegen das Pedal treten und es nach vorne mitreißen, ohne viel Gewicht darauf zu geben.

Nimm beim Fahren schnell Gewicht von der Seite, auf die es kippt, dann kannst du es noch ausgleichen.

Durch den Reifen am Bein wird das Rad beim Aufstieg fixiert und kann nicht kippen und nicht bis in den toten Punkt zurückrollen. Übrigens: Wirklich gute Ultimates kann man durchaus mit kurzen Hosen fahren!

Erst wenn das Pedal ausreichend nach vorne gebracht wurde, kannst du nach und nach das Gewicht darauf umverteilen. Gut zu erkennen sind die nützlichen Beinschoner aus dem Skateboardsport.

Eine leichte Schieflage bedeutet, dass du tatsächlich genau in der Balance bist! Wenn das Pedal ganz unten ist und das ganze Gewicht darauf ist, dann ist das Rad immer leicht nach innen geneigt, denn dein ganzes Gewicht muss **über dem Reifen** stehen.

WICHTIG BEIM FAHREN

Es gibt **drei** Möglichkeiten, um das seitliche Kippen, das Hauptproblem beim Ultimatefahren, zu verhindern. Finde die richtige Kombination für dich heraus:

○ Den Reifen oben mit dem **Schienbein** gegenhalten. (s. Foto. Dies ist schwierig, da dadurch schnell eine zu große Bremswirkung erfolgt, die das Weiterfahren und -bewegen verhindert; hier hilft gutes Material an Rad und Bein.)

○ Das Gewicht mithilfe **der Hüfte und der Arme** rechtzeitig auf das andere Pedal umverteilen (schwierig zu kontrollieren, da beide Beine mit ständiger Gewichtsverlagerung beschäftigt sind).

○ Das Rad mit dem **Sprunggelenk** stärker zur anderen Seite drücken. (s. Foto. Diese Form ist wichtig, aber nur begrenzt möglich, da sonst das andere Bein zu weit nach außen gedrückt wird.)

WICHTIG

Hier kippt das Rad, dies wird aber durch Gewichtsverlagerung ausgeglichen. Eine leichte Schieflage des Rades bedeutet, dass du in diesem Moment genau in der Balance bist!

Mit dem Sprunggelenk kannst du bei Scheibenultimates hinter dem Pedal gegen das Rad drücken.

Jetzt ist es wieder an der Zeit, dein Können zu festigen und ein paar Fahrten mit dem Ultimate zu genießen.

D EINRADHOCKEY UND ANDERE SPIELE, EINRADRENNEN

1 EINRADHOCKEY

A) DAS SPIEL

Alte Filmaufnahmen zeigen ein Hockeyspiel im Varieté Wintergarten in Berlin in den 1920er Jahren, damals noch als Kunstform auf der Bühne. Es konnte nicht herausgefunden werden, wer diese Künstler waren. In den 1960er und 1970er Jahren wurde es in den USA als Teamsport gespielt, seit 1984 in Deutschland. Einen Boom, der bis heute anhält, erlangte es in den 1990er Jahren und eine eigene Liga (**E**rste **D**eutsche **E**inradhockeyliga = **EDEL**) gibt es in Deutschland seit 1995. Auch in Großbritannien und der Schweiz kam es sehr früh zur Bildung einer nationalen Liga. Heute spielen in der Deutschen Liga über 50 Teams.

Das Spiel ist schneller als Einradbasketball, und weil man sich anfangs am Schläger festhalten kann, ist es auch einfacher und damit beliebter geworden.

Da man auf dem Einrad etwas höher sitzt, als man zu Fuß unterwegs wäre, sind die üblichen Plastikhockeyschläger in den Schulen etwas zu kurz. Besser geeignet sind Holzschläger, die man in Sportgeschäften oder über die Liga erhalten kann. Da am Anfang die Spieler noch nicht in festen Positionen spielen, ist es mit geraden, nicht geschlenzten Kellen einfacher. Zu lange Schläger werden auf die individuell gewünschte Länge abgesägt. Mit kürzeren Schlägern kann man besser „dribbeln", mit längeren Schlägern hat man eine größere Reichweite.

Natürlich bringt dich der erste Schuss aus dem Gleichgewicht, aber nach zwei, drei Versuchen gelingt das schon besser. Am besten hältst du den Schläger mit beiden Händen.

Selbst in der Liga spielen sowohl Mädchen als auch Jungen und auch ältere Menschen mit, weil es im Gegensatz zu Eishockey „körperlos" gespielt wird. Die Regeln sind sehr einfach und können zusammen mit einigen Tipps für Schiedsrichter in einer ausführlichen Version über die Homepage der Einradhockeyliga (www.einradhockeyliga.de) abgerufen werden.

B)   DIE WICHTIGSTEN REGELN

Der Spielspaß sollte an erster Stelle stehen. Alles Material muss in einwandfreiem Zustand sein. Die folgenden, kurz gefassten Regeln können nicht jede Situation abdecken. Die vollständigen Regeln gibt es unter www.einradhockeyliga.de (→ Liga → Ligamodus).

Die Mannschaften müssen sich vor dem Spiel auf einen Spielraum bei der Regelauslegung einigen. Auf die unterschiedlichen Voraussetzungen der Spieler und Räumlichkeiten muss natürlich immer Rücksicht genommen werden.

○ Einradhockey eignet sich für jeden, egal, ob Alt oder Jung, männlich oder weiblich. Fairplay wird von allen Spielern vorausgesetzt.

○ Es wird mit Eishockeyschlägern (kein Torwartschläger) und einem alten Tennisball auf Eishockeytore gespielt.

○ Das obere Ende des Schlägers muss ständig mit einer Hand abgedeckt sein, um Verletzungen anderer Spieler zu vermeiden. Das untere Ende muss ständig unter Hüfthöhe gehalten werden. Jeder Spieler hat (insbesondere beim Ausholen vor oder beim Ausschwingen nach einem Schuss) darauf zu achten, mit seinem Schläger keinen anderen Spieler zu treffen.

○ Hält ein Spieler seinen Schläger so, dass ein gegnerischer Spieler mit dem Rad über den Schläger fährt (oder der Schläger in die Speichen gerät), begeht er ein Foul („SUB"), unabhängig davon, ob dies mit oder ohne Absicht geschah.

○ Ein Spieler darf nur dann ins Spiel eingreifen, wenn er sich auf dem Rad befindet. Fällt er vom Rad, muss er an derselben Stelle wieder aufsteigen. Bis dahin muss er anderen Spielern und dem Ball ausweichen, um kein Hindernis darzustellen.

○ Zu Anfang und nach jedem Tor kehren alle Spieler in ihre eigene Hälfte zurück. Danach beginnt das Spiel, wenn der Ball oder ein Spieler der angreifenden Mannschaft die Mittellinie überquert.

○ Es ist erlaubt, den Ball einmal mit der flachen Hand zu spielen (außer bei Torschüssen).

○ Es ist verboten, seinen Schläger absichtlich zu werfen.

o Ein Torschuss ist ungültig, wenn er aus der eigenen Hälfte heraus erfolgt und danach von keinem anderen Spieler mehr berührt wurde (Fernschuss).

(Stand: 2.8.94 Rolf Sander/Überarbeitet 1.9.05 Robert Mager)

Wenn keine „richtigen" Tore verfügbar sind, könnt ihr natürlich auch improvisieren. Wir haben zu unserer Anfangszeit auch umgekippte Einkaufswagen auf einem Parkplatz als Tore verwendet. Die Spielfläche hat eine Länge von 35-45 m und eine Breite von 20-25 m. Sie wird von einer Bande umgeben. Die Ecken des Spielfeldes sind abgerundet oder abgeschrägt.

Wenn sich jemand am Anfang noch am Tor festhält, ist das nicht schlimm, ihr solltet aber üben, ohne Festhalten auszukommen. Idealerweise wird zu fünft in einem Team gespielt, wenn die Halle oder der Platz aber kleiner ist, könnt ihr natürlich auch mit weniger Leuten spielen. Alle Spieler sollten Schuhe tragen. Die Schnürriemen sollten kurz oder eingesteckt sein. Schmuck sollte man unbedingt vor dem Spiel abnehmen.

Achtet darauf, dass nicht alle dem Ball nachfahren, teilt euch etwas auf. Auf Regelwidrigkeiten sollten alle achten, damit eine Verletzungsgefahr minimiert wird. Das trainiert auch das Bewusstsein für Eigenverantwortung. Manchmal ist es einfacher, mit einem Schiedsrichter zu spielen (der sollte nicht auf dem Einrad sitzen), weil man selbst z. B. einen zu hohen Schläger beim Schwingen nicht so leicht erkennt wie ein Außenstehender. In der Liga wird sogar mit zwei und mehr Schiedsrichtern pro Spiel gespielt. Dabei sollte der Schiedsrichter nicht dem Ball nachschauen, der foult ja **nicht** (!), sondern auf die Spieler und ihre Schläger achten.

TIPP

2 WEITERE TOLLE EINRADSPIELE

Sehr viele Spiele, die man aus dem Kindergarten oder der Schule kennt, sind auch auf dem Einrad möglich, ebenso sind viele Mannschaftsspiele auf das Einrad übertragbar. Da solltest du ausprobieren, experimentieren und bekannte Regeln auf das jeweilige Level der Fahrer anpassen. Die Hauptsache ist, dass es Spaß macht und ein wenig Herausforderung schadet auch nicht, denn dies kann das eigene Können und die Fahrsicherheit verbessern. Um Verletzungen zu vermeiden, sollten an den Einrädern keine Teile vorstehen. Metallpedale, Pedale mit scharfen Spitzen, zu lange Sattelstangen-schrauben oder so mancher Schmuck (baumelnde Ohrringe, Ketten, Armbanduhren, ...) stellen Gefahrenquellen dar.

HIER SCHLAGEN WIR EUCH EINIGE SPIELE VOR:

WER HAT ANGST VORM SCHWARZEN MANN?

Dieses klassische Fangspiel ist sehr gut auf das Einrad übertragbar. Es ist das einfachste Spiel für größere Gruppen, es braucht keinen Aufbau, setzt keinerlei Tricks voraus, außer fahren zu können und ist sehr gut zum Warmmachen oder Auflockern und Austoben geeignet. Die einzige Voraussetzung ist ein großer Platz. Ein Fahrer, es sollte nicht der Unsicherste sein, positioniert sich auf der einen Seite des Platzes (der Halle), alle anderen stehen gegenüber. Der einzelne Spieler ist der „schwarze Mann", er ruft: „Wer hat Angst vorm schwarzen Mann?". Die anderen rufen gemeinsam zurück: „Niemand!", worauf der schwarze Mann fragt: „Und wenn er kommt?", und die anderen antworten: „Dann fahren wir davon!". Das ist der Startschuss und alle versuchen, auf die andere Seite zu kommen, ohne vom schwarzen Mann berührt zu werden. Alle, die die andere Seite erreichen, sind nicht mehr vom schwarzen Mann zu fassen. Alle Fahrer, die absteigen mussten oder die der schwarze Mann erwischt, werden auch zu einem schwarzen Mann und fahren mit ihm auf seine neue Seite. Jetzt machen mehr schwarze Männer Jagd auf die anderen Fahrer und von Runde zu Runde werden es noch mehr. Der letzte Fahrer, der von einem schwarzen Mann erwischt wird, ist der neue schwarze Mann.

VERFOLGER

Alle Einradfahrer fahren hintereinander. Der Vorderste macht etwas vor, das alle anderen nachmachen, zum Beispiel die Arme hinter dem Rücken verschränken, sich bücken, ein Auge zuhalten, einbeinig fahren usw.

FISCHER, FISCHER, WIE TIEF IST DAS WASSER?

Dieses Spiel ist ähnlich, hat aber Wettbewerbscharakter. Hier kann man sehr gut erste Tricks mit einbauen. Voraussetzung ist ein großer Platz. Ein Spieler positioniert sich auf der einen Seite des Platzes (der Halle), er ist der Fischer, alle anderen stehen gegenüber und rufen: „Fischer, Fischer wie tief ist das Wasser?" Der Fischer denkt sich eine Tiefe aus und ruft z. B.: „42 m tief!" und darauf fragen die anderen Spieler: „Wie kommen wir da rüber?" Der Fischer muss sich nun einen Trick oder eine Herausforderung ausdenken und ruft diese hinüber, z. B.: „Einbeinig fahrend!" Jetzt müssen alle einbeinig fahrend auf die andere Seite gelangen. Alle, die vom Rad fallen oder den Trick nicht beherrschen und vom Fischer deshalb berührt werden dürfen, werden jetzt auch Fischer. Alle, die den Trick bewältigen, dürfen unbehelligt auf die andere Seite fahren. Eine neue Runde beginnt. Ob der Fischer ebenfalls den Trick beherrschen muss, ist vom Level der Fahrer abhängig. Ihr solltet euch vorher auf eine Variante geeinigt haben. Es müssen keine schweren Tricks sein, am Anfang reicht es, dass man eine Hand auf den Rücken nimmt oder ein Auge zumachen soll. Der letzte Spieler, der gefangen wird, ist der neue Fischer.

FANGEN (PAARE, KETTE)

Alle Varianten von Fangspielen sind auf dem Einrad möglich.

REISE NACH JERUSALEM (KLASSISCH WIE MIT DEN STÜHLEN)

Am Boden verteilt liegt eine Anzahl Einräder, eins weniger, als Spieler mitspielen, während Musik zu hören ist. Eine neutrale Person bedient die Musikanlage und schaltet sie plötzlich ab. Jetzt muss sich jeder ein Rad schnappen und darauf fahren. Wenn zwei oder drei Leute ein Einrad greifen, können sie auch zusammen auf dem Rad fahren. Bei diesem Spiel wurden schon sechs Leute auf einem Einrad gesehen! Wer nicht auf einem Einrad fährt, scheidet aus. Die Musik beginnt erneut und alle steigen von ihren Rädern ab, legen sie hin und laufen wild durcheinander um sie herum. Die neutrale Person nimmt jetzt ein oder mehrere Einräder weg und schaltet dann erneut die Musik aus ...

Die Runden wiederholen sich, bis nur noch ein Einrad vorhanden ist. Das Spiel kann lustiger gestaltet werden, wenn einige manipulierte Einräder darunter sind: Einrad ohne Sattel, Sattel quer, Sattel ganz hoch, ein Pedal fehlt oder ist im falschen Winkel angeschraubt, Giraffe, etwas Luft aus einem Reifen lassen, ...

ATOMSPIEL

Alle Einradfahrer fahren einzeln wild durcheinander. Ein Spielleiter ruft Zahlen von „1" bis maximal „Anzahl der Spieler". Sofort versuchen alle Spieler, Gruppen zu bilden, mit der entsprechenden Anzahl an Mitgliedern. Wer übrig bleibt, scheidet je nach Vereinbarung bis zum Ende der Runde oder bis zum Spielende aus.

BUCHSTABEN FAHREN UND ERRATEN

Ein Fahrer überlegt sich einen Buchstaben, den er mit dem Reifen am Boden fährt. Die anderen raten. Wer es als Erstes errät, darf den nächsten Buchstaben fahren.

ENGSTER SLALOM

Wer kann den engsten Slalom ohne Fehler fahren?

LANGSAM FAHREN

Wer braucht am längsten für eine Strecke von etwa 10-30 m? Nicht erlaubt sind Sprünge, Stillstände, Pendeln oder rückwärts fahren. Man darf auch nicht zu sehr zur Seite fahren. Am besten legt man eine Fahrbahnbreite von etwa 30-50 cm fest.

AUFSTIEGE/MINUTE

Wer schafft in einer Minute die meisten Aufstiege, Kick-ups, Sprünge, Pendler, Kreise ...?

EIERLAUF, STAFFELSPIELE

Welches Team gewinnt den Staffellauf? Gegenstände zu tragen oder in bestimmten Körperhaltungen zu fahren, erschwert das Ganze.

WETTRENNEN JEDER ART

Achtet hierbei auf Fairness und gute Schutzkleidung.

EINRADKETTENREKORD

Wer schafft die längste Einradkette? (s. Foto S. 115)

BLIND FAHREN

Ein Fahrer schließt die Augen und fährt auf einem großen, leeren Platz. Ein Partner sagt ihm, wohin er fahren soll oder ruft ihn zu sich heran oder lotst ihn hinter sich her. Der Lotse trägt dabei eine gewisse Verantwortung.

ZIRKELTRAINING

Es können im Zirkeltraining Übungen für das Einradhockey gemacht werden, wie z. B. Torschüsse, Ecken, Freistöße, Passen oder Entsprechendes für andere Sportarten. Es können auch Tricks geübt werden, an einer Station das Aufsteigen, an der nächsten das Rückwärtsfahren, an der nächsten Wheelwalk und so weiter. Je nach Können dürfen die Tricks immer weiter im Level hochgehen. Beim Zirkeltraining muss der Spaß nicht zu kurz kommen, im Vordergrund steht in der Regel allerdings die Perfektionierung und Verbesserung von Tricks oder Spielzügen.

GLADIATOR

Alle fahren auf einer begrenzten Spielfläche und versuchen, so lange wie möglich, auf dem Einrad zu bleiben. Wer runterfällt oder absteigen muss, scheidet aus und darf nicht mehr ins Spiel eingreifen. Wer zuletzt noch oben sitzt, hat gewonnen. Ihr dürft euch auch gegenseitig behindern oder die Weiterfahrt erschweren, aber Schlagen, an den Haaren ziehen, Kratzen, Beißen (alles, was andere verletzt) und an Kleidungsstücken zerren ist nicht erlaubt. Ihr könnt es auch mit weichen Keulen oder mit Stoff gefüllten Müllsäcken spielen.

SUMO

Dieses Spiel, das pädagogisch auch zum Aggressionsabbau eingesetzt werden kann, trainiert das Gleichgewicht und wird auf vielen Einradtreffen, wie z. B. der UNICON, gespielt. Die Spielfläche ist ein Kreis von etwa 3-4 m. Ein Schiedsrichter sollte aufpassen, dass keine unfairen Mittel eingesetzt werden. Schlagen, an den Haaren ziehen, Kratzen, Beißen (alles, was andere verletzt) und an Kleidungsstücken zerren ist nicht erlaubt und sollte vorher klar zur Sprache gebracht werden.

Zwei Kontrahenten stehen sich außerhalb des Kreises gegenüber und verbeugen sich zur Begrüßung. Dann fahren beide in den Kreis und versuchen, den Gegner vom Rad zu holen. Wer absteigen muss, runterfällt, oder den Kreis verlässt, hat verloren. Der Gewinner wird vom nächsten Fahrer herausgefordert. Ein Gesamtgewinner sollte nicht ermittelt werden, es geht um den Spaß und die persönliche Herausforderung.

BRENNBALL

Dieses Spiel ist relativ genau übertragbar. In der Mitte wird viel gependelt und man sollte den Ball vom Boden aufheben können, oder das Team in der Mitte spielt ohne Einrad. Dann wird insgesamt aber deutlich weniger Einrad gefahren. An den Malen kann gependelt oder ab- und wieder aufgestiegen werden, wenn es weitergeht. Zwischen den Malen können auch Hindernisse eingebaut werden.

VÖLKERBALL

Das Spiel ist genau übertragbar. Pendeln ist sehr hilfreich. Wie streng das Absteigen bewertet wird, ist vom Können der Spieler abhängig. Je besser die Fahrer sind, desto strenger sollte man damit sein. Spieler, die noch nicht pendeln können, dürfen sich auch gegenseitig festhalten, sie sind damit aber natürlich träger. Bessere Fahrer müssen, von außen werfend, auch auf dem Einrad sitzen, noch nicht so gute Fahrer dürfen auch ohne Rad werfen. Das Spiel ist anstrengender, als du denken magst und da mehr gependelt als gefahren wird, kann ein Spieler recht schnell den Spaß daran verlieren. Also solltet ihr es nicht als großen Programmpunkt für mehrere Stunden einkalkulieren, sondern eher als Auflockerungsspiel betrachten oder zum Warmmachen verwenden.

VOLLEYBALL (UNTER EINRADFAHRERN AUCH VOLLEYWHEEL GENANNT)

Das Spiel ist fast genau übertragbar, ihr werdet aber sehr schnell feststellen, wie träge ihr mit dem Einrad seid. Um einen flüssigen Spielablauf zu erreichen und Bälle überhaupt spielen zu können, solltet ihr euch mit den anderen Spielern darauf einigen, den Ball 1 x vom Boden abprallen lassen zu dürfen, je nach Level der Spieler auch 2 x.

BASKETBALL

Das Spiel hat unter den Einradfahrern eine sehr lange Tradition und es wird auf den Einradweltmeisterschaften jeweils ein Turnier ausgerichtet. Sehr erfolgreiche Teams kommen aus Puerto Rico, den Niederlanden, den USA, Frankreich und der Schweiz. Bisher kamen die meisten Weltmeister aus Puerto Rico oder den Niederlanden.

Voraussetzung ist, dass aus jedem Team mindestens ein Spieler den Ball vom Boden aufheben kann. Die Regeln sind genau übertragbar. Du darfst mit dem Rad den Ball aber nicht berühren. Basketball wurde von Anfang bis Mitte der 1990er Jahre in Deutschland viel gespielt. Teams besuchten sich gegenseitig zu Turnieren, an denen auch Kunstradvereine teilnahmen. Heute ist das Spiel vom schnelleren Hockey verdrängt worden.

TOUR

Macht doch einfach einen Ausflug, vielleicht mit einem kleinen Picknick. Ein kleiner Rucksack ist doch kein Problem.

3 EINRADRENNEN

Je größer der Raddurchmesser ist und je kürzer die Kurbeln sind, desto schneller kann ein Einrad gefahren werden. Der Fairness halber sollten die Räder aber bei einem Rennen den gleichen Durchmesser haben. In der Schweiz gibt es Einradrennen schon seit den 1970er Jahren und sie waren in den 1990er Jahren mit 26"-Rädern sehr populär. Obwohl diese Schweizer Renntradition die älteste der Welt ist, hat sich dieses für Kunstradfahrer gängige Maß nicht durchgesetzt. Auf internationalen Wettkämpfen und bei deutschen Meisterschaften ist als maximale Radgröße 24,333" (61,8 cm) und als minimale Kurbellänge 125 mm zugelassen. Es gibt auch oft 20"- Rennen für Kinder bis 10 Jahre. Hier ist als maximale Radgröße 20,333" (51,6 cm) und als minimale Kurbellänge 102 mm vorgeschrieben.

Metallpedale und einrastende Pedale (Klick) oder Pedale mit Schlaufen sind verboten. Die Kraftübertragung muss 1:1 sein. Es darf also keine Übersetzung eingebaut sein. Bei Meisterschaften im Marathon wird mit 28"-Radgröße gefahren, die minimale zugelassene Kurbellänge beträgt hier 114 mm. Teilnehmer, die mit Einrädern mit davon abweichenden Maßen oder Übersetzungen starten, werden in der eigenen Klasse „Unlimited" gewertet. Das sind Kombinationen, die im Allgemeinen nicht alltagstauglich sind, da die Kraft nicht ausreicht, um das Rad binnen einer Radumdrehung zum Stehen zu bringen. Auch Steigungen, Gefälle und Kurven bereiten hier Probleme. Bei einer abgeriegelten Marathonstrecke ist das unproblematisch, weil du nicht damit rechnen musst, dass dir z. B. ein Fußgänger vor das Rad läuft. Einrad-Marathons erfreuen sich wachsender Beliebtheit, die Teilnehmerzahlen waren in den letzten Jahren stetig ansteigend.

Einen Marathon zu laufen, ist übrigens vergleichsweise anstrengender, als mit dem Einrad zu fahren.

ZUM MATERIAL

Üblicherweise finden Rennen im Freien statt. Da du nicht wissen kannst, wie das Wetter sein wird, solltest du auch auf alle Wetterverhältnisse vorbereitet sein. Die Pedale müssen also eine gute Verbindung zu den Schuhen haben, auch wenn sie nass sind. Eine große Trittfläche der Pedale mit Spitzen als Profil und Schuhe mit rauen Sohlen, vielleicht sogar mit kleinen Stollen, können ein Abrutschen verhindern.

TIPPS

Dein Reifen sollte im Querschnitt eine runde Lauffläche haben, das sorgt für eine gleichmäßige Fahrt in Kurven. Ein grobes Profil eignet sich für Geländerennen, auf einer Bahn lässt es dein Rad aber „driften". Um einen möglichst geringen Rollwiderstand zu haben, sind voll aufgepumpte Hochdruckreifen empfehlenswert. Noch mehr Druck verkraften Reifen, wenn du sie ein Jahr lang im Keller gut gelüftet, lichtgeschützt (sonst werden sie spröde) und nicht stehend (sonst eiern sie) einlagerst und die Weichmacher ausdünsten lässt.

Je leichter ein Einrad ist, desto leichter fällt es dir, es zu beschleunigen. Wenn der Reifen und die Felge schwerer sind, bewegt du mehr Schwungmasse: Das Einrad ist in der Beschleunigung schwerfälliger, rollt aber gleichmäßiger! Ab welcher Distanz ein gleichmäßigeres Rollen wichtiger ist, als die Beschleunigung, ist von deiner Geschwindigkeit abhängig.

Der Luftwiderstand spielt auf dem Einrad kaum eine Rolle, da dieser zu sehr von der Geschwindigkeit abhängig ist, die mit dem Einrad nicht so groß ist. Seitenwind macht sich viel stärker bemerkbar, da du dann auch mit dem Gleichgewicht kämpfen musst.

Ob ein Griff am Sattel sinnvoll ist, hängt von der Fahrweise ab.

ZUR FAHRTECHNIK

Mit einem runden, gleichmäßigen Tritt bist du schneller unterwegs, als wenn du unregelmäßig trittst oder mit dem Seitenwind oder in Kurven um dein Gleichgewicht kämpfen musst. Also übst du am besten zuerst das gleichmäßige Fahren. Rennradfahrer, die ihre Füße an den Pedalen fixiert haben, sind das schon gewohnt. Die Pedale werden vorne nicht nur hinuntergetreten, sondern hinten auch hochgezogen. Das ermöglicht eine optimale Kraftübertragung. Auf dem Einrad ist das so natürlich nicht möglich, kann aber als Vorbild herangezogen werden.

Deine Füße sollen möglichst lange innerhalb einer Umdrehung Kraft auf die Pedale bringen, dafür musst du kräftig mit den Fußgelenken arbeiten. Die Füße treten nicht nur vorne nach unten, sondern zusätzlich oben nach vorne und unten nach hinten. Das wird in einem hohen Tempo kaum möglich sein, aber in der Beschleunigung am Start solltest du es machen. Übe es zunächst beim langsamen

TIPPS

Fahren. Mit der Körperhaltung auf dem Einrad solltest du auch experimentieren, denn es gibt verschiedene Möglichkeiten, noch ein wenig schneller zu werden, aber du musst dich dabei sicher fühlen. Ich knicke in der Hüfte ein und lehne mich mit dem Oberkörper weit nach vorne. Das sieht dann so aus, als ob ich auf Windschnittigkeit achten würde.

Die meisten Einradfahrer bleiben bei einem Rennen aber aufrecht im Sattel sitzen und lehnen sich mit dem gesamten Körper etwas nach vorne. Dabei drücken sie mit einer oder beiden Händen vorne auf den Sattel (ein Griff erleichtert das) und verlagern damit den Schwerpunkt etwas nach vorne. Damit wird man etwas schneller, aber ohne entsprechende Übung auch unsicherer.

Viele Einradfahrer wenden diese Methode für den Endspurt an und versuchen, sich in Vorwärtsstürzen über die Ziellinie zu retten. Die Zeit wird in dem Moment genommen, wenn du die Ziellinie mit dem vorderen Teil deines Rades erreichst.

Aber das Ziel gilt nur als erreicht, wenn du das Einrad auch in dem Moment, wenn die **Achse** die Ziellinie überquert, noch kontrollierst und nicht etwa abspringen musst. Also, achte darauf, einen Moment später noch die Kontrolle zu behalten! Je nach Veranstalter kann die Bedingung für die Zeitnahme auch variieren. So kann das Ziel nur dann als erreicht gelten, wenn du das komplette Einrad kontrolliert über die Ziellinie fährst. Informiere dich frühzeitig über diese Bedingungen.

TIPPS

VOR DEM START

Achte auf Durchsagen und auf das Aufrufen deiner Startnummer oder deines Namens. Sitzen die Kurbeln fest? Sind irgendwelche Schrauben locker? Ist genug Luft im Reifen? Sitzt die Startnummer fest und sichtbar? Sind Knieschützer und Handschuhe angezogen und die Schnürsenkel fest zugebunden? Enden und Schleifen kann man so wegstecken, dass sie nicht hängenbleiben können.

DER START

Gängig ist ein Startsignal mit vier Tönen in gleichmäßigem Abstand und gleicher Frequenz und einem fünften Signal in abweichendem Ton oder Startschuss. Die Zeitabstände zwischen den Signaltönen müssen gleich sein. Das heißt, du kannst dich darauf einstellen, wann genau der Startschuss erfolgen wird. Damit kannst du deinen Start optimieren, indem du dich schon vor dem Startschuss leicht nach vorne kippen lässt.

Das ist erlaubt, solange das Rad hinter der Startlinie bleibt. Startpfosten oder Stangen zum Festhalten dienen als Starthilfe, du kannst dich von ihnen auch abstoßen. Achte auf den ersten Metern auf einen runden Tritt. Je eher du deine Höchstgeschwindigkeit erreichst, desto besser.

DAS RENNEN

Teile deine Kraft ein! Je nach Kondition und Strecke kannst du schon unterwegs alles geben oder etwas Kraft für die letzten Meter zurückhalten. Versuche, die Ideallinie zu fahren. Achte beim Überholen auf den Sicherheitsabstand (ein Raddurchmesser). Lass dich nicht aus deinem Rhythmus bringen, nur weil dich jemand überholt. Es ist schlimmer, wenn du stürzt, denn dann verlierst du deine Chance auf einen vorderen Platz.

Ich habe unheimlich viele Rennen gewonnen, weil andere versucht haben, mitzuhalten, während ich sie überholt habe. Sie stürzten und verloren alles, während ich ungehindert das Ziel erreichen konnte.

Beim Obstacle (Slalomrennen) wird nicht gegeneinander gefahren, sondern auf Zeit. Gerade hier ist ein gleichmäßiger Rhythmus ratsam. Beginne die Kurven frühzeitig. Bei einem geraden, abgesteckten Slalomkurs achtest du am besten darauf, dass dein Kopf in einer Linie über den Pylonen bleibt und nur das Rad Kurven fährt und aus der Hüfte heraus gesteuert wird. Pylone (Grundfläche 30 cm x 30 cm, Höhe 45-60 cm) dürfen berührt, aber nicht umgeworfen werden.

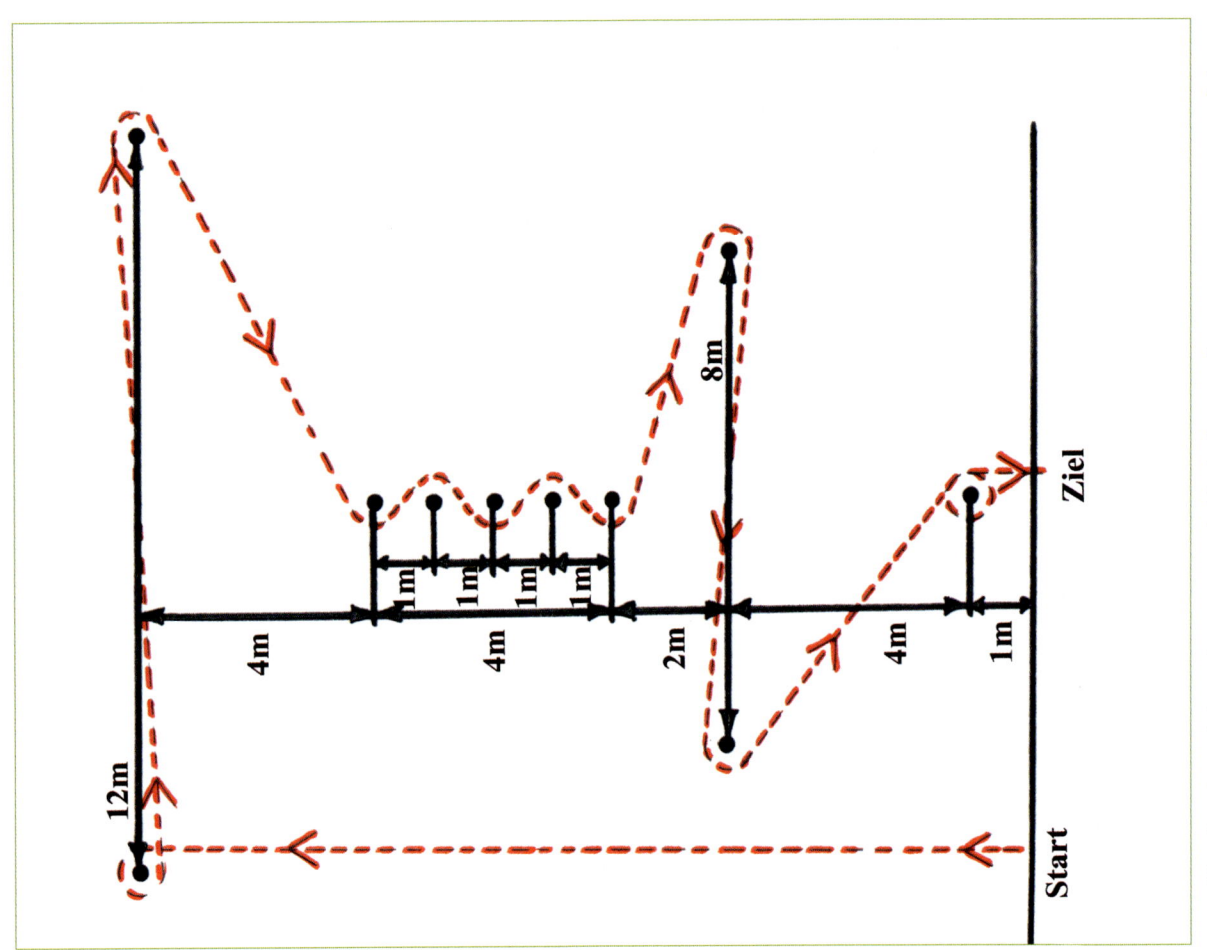

Der offizielle Obstaclekurs der IUF. Er wird bei allen großen Rennen genau so gefahren.

Der Kopf folgt am besten einer Linie über den Pylonen.

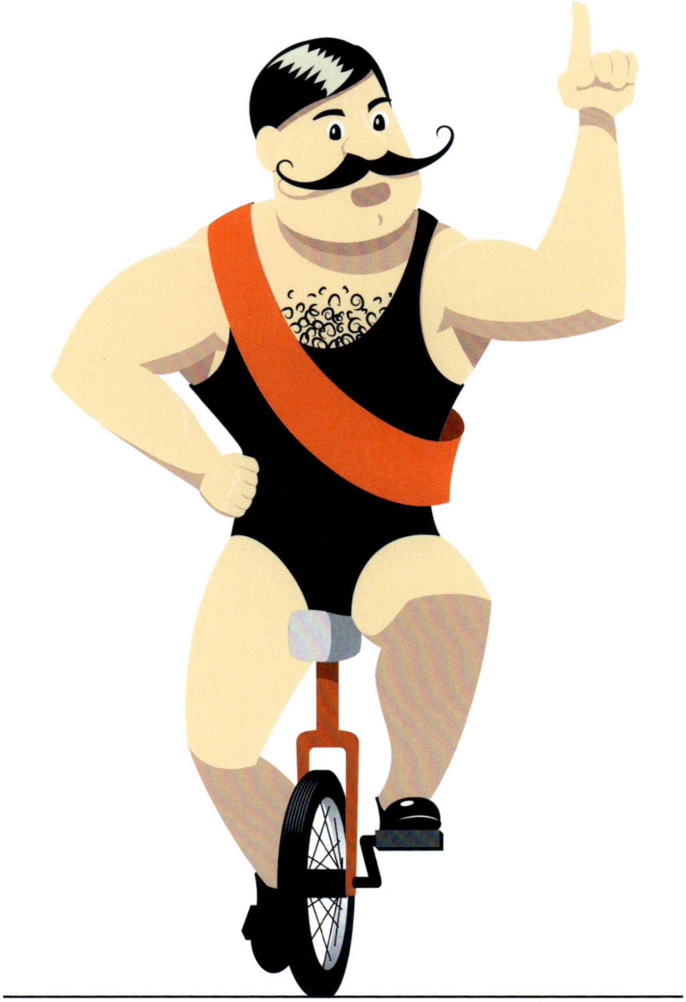

KAPITEL 5

E EINRADFAHREN UNTERRICHTEN

1 GRUNDSÄTZLICHE ÜBERLEGUNGEN

Die folgenden Kapitel richten sich vor allem an Multiplikatoren und Lehrer. Doch auch für einen interessierten Anfänger können sie wertvoll sein, um sich selbst besser einzuschätzen und einen besseren methodischen Ansatz für sich zu finden.

A) VERGLEICH DER BEWEGUNGSMUSTER AUF DEM EINRAD, DEM FAHRRAD UND BEIM LAUFEN

Das Einradfahren gleicht in vielerlei Hinsicht sehr stark dem **Laufen** und nicht etwa dem Fahrradfahren, das ganz anders funktioniert, weil man auf diesem mit dem meisten Gewicht im Sattel sitzen bleibt und sich die Bewegung nach vorne oder hinten nicht auf das Fahren auswirkt.

Im Gegensatz zum Fahrrad, auf dem man nur kräftig die Pedale nach unten tritt und beim Aufsteigen keinen festen Stand auf beiden Pedalen benötigt, ist es auf dem Einrad am Anfang unbedingt nötig, stets mit etwas kraftvoller Spannung eine Verbindung zwischen Füßen und Pedalen zu halten. Sonst verliert man die Kontrolle und das Rad kann nach vorne „wegschießen".

Eine gute Vorübung zum Einradfahren kann deshalb auch das Fahren mit „Klick-" oder „Riemenpedalen" auf einem Rennrad sein, wobei man bewusst einen „runden" Tritt übt, der einen steten Kontakt zum Pedal bewirkt.

Ängstliche Anfänger springen oft ab, lange bevor es nötig wäre, oder sie steigen ab. Sie haben, ähnlich wie beim Fahrradfahren, viel Gewicht auf dem Sattel, um möglichst leicht die Beine vom Pedal weg auf den Boden nehmen zu können. Aber nur, wer auf dem Einrad genügend Gewicht auf den Pedalen hat, ist bereit, echte, lange Fahrversuche zu machen und schafft es, so lange auf dem Rad zu bleiben, bis er gelernt hat, wie das Fahren wirklich funktioniert und wie es sich anfühlt. Allerdings riskiert er natürlich einen Sturz, wenn er nicht vorzeitig absteigt. **Aber dieses kleine Wagnis muss jeder eingehen, der etwas auf dem Einrad lernen will!** Das bedeutet nicht, dass man unnötige Risiken eingehen sollte (vgl. den Leitsatz in A 2b, S. 41).

Einradfahren ist wie ununterbrochenes, kontrolliertes Fallen – das dabei entstehende Schwebegefühl ist eine tolle Belohnung für die Anstrengungen des Übens.

B) ZIELSETZUNGEN

Üblicherweise unterscheidet man zwei **Zielsetzungen,** die ihren Ursprung in verschiedenen Traditionen haben. Zum einen kennt und fährt man das Einrad seit über 100 Jahren im Kunstradsport. Diese Tradition, die sich aus den gemeinsamen Wurzeln von Fahrrad und Einrad herleitet, ist naturgemäß sportlich und technisch orientiert und regt trotz eines grundsätzlich künstlerischen Ansatzes eher zu Wettkämpfen, Formationsfahren in edlen Kostümen und Leistungsgedanken an. Obgleich diese Tradition älter ist, spielte sie für die weite Verbreitung, die das Einrad heutzutage zum Trendsport macht, die geringere Rolle.

Einen verspielteren Zugang zum Einrad fanden die Bewegungskünstler z. B. in Kinderzirkusgruppen und die Jongleure, die im Einrad eine besonders vollendete Ergänzung zu ihrer arm- und oberkörperlastigen Tätigkeit fanden. Entsprechend freiheitlicher, zwangloser und weniger ernst, bisweilen sogar respektlos – auch gegenüber möglichen Gefahren und Verletzungen, die man sich typischerweise zuziehen kann – ist hier die Zielsetzung.

Diese Bewegungskünstler haben geholfen, das spielerische Einradfahren zu verbreiten.

Doch erst durch das Zusammenwirken beider Strömungen ist die heutige Beliebtheit des Einrads zu erklären.

Einradfahren kann man auf unterschiedliche Art und Weise lernen. Verschiedene Methoden führen zum Erfolg, auch wenn sie auf gegensätzliche Weise an ein Problem herangehen.

Zu Beginn des Buches wurde erklärt, wie man Fahren lernt. Dort wurde unter anderem darauf hingewiesen, dass man als Anfänger das ganze Gewicht auf die Pedale geben soll, weil dadurch eine bessere Kontrolle ermöglicht wird. Obwohl diese Anweisung 100 % richtig ist, kann man auch umgekehrt vorgehen:

Indem man sich richtig fest in den Sattel setzt und nur so **wenig Gewicht auf die Füße** bringt, dass man gerade noch guten Kontakt zu den Pedalen hat, kann man von Anfang an lernen, wie man sich bewegen muss, um entspannter zu fahren. Die Entspannung kommt daher, dass man jetzt nicht mehr dauernd sein ganzes Gewicht tragen und bewegen muss. Gerade für schwerere Menschen und für solche, die zu Muskelkatern neigen, oder einfach für Erwachsene ist diese Lehrmethode oft unproblematischer. Hier ist der „runde Tritt" besonders wichtig, dennoch fällt es auch vielen anderen Anfängern leichter, nach dieser Methode zu lernen. Genau wie beim späteren Pendeln oder Hüpfen, erlangt man sein Gleichgewicht zurück, indem man in die Fallrichtung fährt, um das Rad unter sich zu halten, deshalb benötigt man beim Einradfahren auch viel Platz.

Ein Lehrer muss den Anfänger bei dieser Methode also darauf aufmerksam machen, fest im Sattel zu sitzen. Die Mehrheit der Einradfahrer hat das Fahren übrigens nach dieser Methode gelernt, aber für einen Anfänger stellen dabei gewisse Unberechenbarkeiten des Krafteinsatzes oft zusätzliche Probleme dar. Deshalb lernt man in diesem Buch als Anfänger, das meiste Gewicht auf die Pedale zu verteilen. Fortgeschrittene Fahrer sollten lernen, das Gewicht nach Belieben verteilen zu können, je nach Bedarf.

Während früher Einradfahren bei Jungen und Mädchen absolut gleichmäßig verteilt war, ist es heute auffällig beliebter bei Mädchen von 7-14 Jahren und bei männlichen Teens von 14-19. Dabei ist auch das Einstiegsalter um etliche Jahre gesunken. Infolgedessen wird es heutzutage auch anders gelernt und gelehrt. Die meisten jüngeren Kinder lernen durch Zuschauen und Nachahmung. Manche Erklärungen sind für sie oft zu kompliziert, lediglich kurze Anweisungen und Korrekturen helfen. Sie sollten selbst viel ausprobieren dürfen und die Hilfe des Lehrers beschränkt sich auf die passive, „wandelnde Stütze" **(s. Kap. A 1 b)** sowie Zuspruch und Ermutigung. Das richtige Vormachen durch ältere Einradfahrer stellt auch eine enorme Antriebskraft für Kinder dar.

Jüngere Einradfahrer fahren begeistert stundenlang auf dem Rad. Sie begnügen sich dabei aber oft schon damit und entwickeln nicht von alleine den Ehrgeiz, weiterzulernen. Das Einradfahren bedeutet sehr viel mehr, als „nicht vom Rad zu fallen" – nur wer einmal gesehen hat, was alles darauf möglich ist, wird weiterüben und schwierige Techniken erlernen. Ab etwa 10-11 Jahren steigt das Interesse an diesen Techniken und kann auch entsprechend gefördert werden.

Älteren Einradfahrern kann oft auch die Biomechanik und die Notwendigkeit der gezielten Dosierung der Kräfte, z. B. beim freien Aufstieg (s. dort), besser erklärt werden.

Alle Fahrer sollten daher gelegentlich zusammenkommen, um voneinander zu lernen und sich auszutauschen. Ein kreativer Umgang mit dem Rad ist nur in einer möglichst großen Gemeinschaft möglich. Es empfiehlt sich daher auch, die deutschlandweiten Einradtreffen und Conventions (s. Kap. F 3) und die in erreichbarer Nähe stattfindenden Weltmeisterschaften aufzusuchen, um sich dort in noch größerem Rahmen mit Hunderten von Gleichgesinnten austauschen zu können. UNICON XVIII, die nächste Weltmeisterschaft, findet 2016 in Donostia – San Sebastian (Baskenland) statt. Das ist von Deutschland aus gut erreichbar, verglichen mit Orten wie Peking, Seattle und Wellington, wo frühere Weltmeisterschaften stattfanden.

Ebenso wichtig ist der Austausch der Gemeinschaft über das Internet geworden. Man kann sich kleine Clips aus dem Internet herunterladen und damit ausgezeichnet arbeiten und sich austauschen, selbst wenn man in einem entlegenen Ort wohnt. Vorschläge für solche Internetseiten findest du am Ende des Buches in Kap. F 4.

C)   METHODENEMPFEHLUNGEN

Paarweises Fahren auf dem Einrad ist viel leichter, als alleine zu fahren. Beide Fahrer müssen nicht sicher fahren können, müssen aber grundsätzlich verstanden haben, wie man sich auf dem Rad hält. In den kurzen Phasen, in denen sie die Stütze durch den Partner benötigen, balanciert dieser wahrscheinlich stabil und kann die Schwankung des anderen mit ausgleichen.

Als besonders effektiv hat sich die Paarübung beim Üben des Rückwärtsfahrens erwiesen. Die Fahrer sitzen sich auf dem Einrad gegenüber und geben sich eine oder beide Hände. Nach ein paar Metern halten sie an und wechseln die Fahrtrichtung.

Beim Paarfahren kann man in die entgegengesetzte oder in die gleiche Richtung schauen.

Mit dieser doppelten Handhaltung könnt ihr die Fahrtrichtung ohne große Absprache wechseln.

Rechte Hand an rechte Hand und linke Hand an linke Hand ist eine stabile Zweierverbindung und lässt viele Kombinationsmöglichkeiten zu. Beide stützen sich gegenseitig, erste Erfolgserlebnisse werden früher erreicht und motivieren zum Weitermachen. Während der Fahrt können einer oder beide die Richtung ändern, ohne dass ein Umgreifen nötig ist. Kreise sind ebenfalls möglich oder das Rückwärtsfahren. Der Helfer befindet sich dadurch nicht mit beiden Füßen auf festem Boden, sondern sitzt selbst auf dem Einrad. Dies ist eine zusätzliche Bestätigung für beide. Feste Reihenfolgen können einstudiert werden, auch eine Choreografie, die am besten erst mal „trocken" (ohne Einrad) gelaufen wird. Platz für echte Kurven und imaginäre Pedale muss dabei einkalkuliert und auf dem Einrad dann umgesetzt werden. Das Abschätzen des eigenen Könnens wird trainiert, weil so erkennbar wird, wie viel Platz z. B. für eine Wende tatsächlich benötigt wird.

Aber auch das Fahren in der Kette ermöglicht es schwächeren Anfängern, in einer Formation mitzufahren. Hier muss allerdings zuerst der gemeinsame Start geübt werden. Der gemeinsame Aufbau einer Kette erfordert **viel** Geduld aller Teilnehmer, wird aber durch einen oft überraschenden, plötzlichen Erfolg und eine Stärkung des Gemeinschaftsgefühls belohnt.

Am besten gelingt die Kette, wenn erst alle Teilnehmer ihre Pedalstellung vorbereitet haben und sich abwechselnd stärkere und schwächere Einradfahrer nebeneinander befinden. Jetzt steigen sie nacheinander auf, bis alle stehen.

Die Kette stellt Anfänger auf harte Geduldsproben, belohnt sie aber mit einem tollen Gemeinschaftserlebnis.

Eine Variante bei einer größeren Anzahl ist die Kreisstellung nach innen, bei der es keine seitlichen Enden gibt: Alle haben die gleiche Ausgangsposition. Die Hände werden leicht nach oben gehalten, Arme und Hände sind in leichter Körperspannung. Schuldzuweisungen und gegenseitige Anweisungen müssen hier unbedingt unterbleiben, da sonst alle durcheinander reden. Meistens sind sie auch falsch, da alle Teilnehmer der Kette voneinander abhängen und nicht alleine, sondern gemeinsam für den Erfolg verantwortlich sind. Am besten geht es ohnehin ganz ohne Sprechen, dann kann man den Anweisungen eines Trainers oder außen stehenden Helfers besser zuhören.

Die ganze Kette kann, wenn sie einmal steht, als Formation fahren: vorwärts, rückwärts, im Kreis, sich teilen und wieder vereinen, halb vorwärts – halb rückwärts, stehen bleiben ...

D) DAS EINRAD AUF ÖFFENTLICHEN VERKEHRSWEGEN UND DER TRANSPORT IN DER BAHN

In der Straßenverkehrsordnung ist das Einrad noch nicht ausdrücklich enthalten. Es wird als Spiel- und Sportgerät betrachtet, ähnlich wie das Skate- oder Kickboard und ist damit für den öffentlichen Straßenverkehr nicht zugelassen! Einige Einradfahrer meinen, wenn sie Licht, Klingel, Seitenstrahler, Bremse und alles, was ein Fahrrad verkehrssicher macht, am Einrad anbringen, dann dürften sie auch auf der Straße fahren. Aber dieses Nachrüsten macht ein Einrad nicht zu einem Fahrrad, für das die Verkehrsordnung gilt. Einen kontrollierenden Polizisten kannst du damit aber möglicherweise beeindrucken, weil er erkennen kann, dass du als Fahrer bewusst mit dem Thema umgehst. Dennoch ist das Einrad auf der Straße nicht erlaubt! Rechtlich gesehen, darf ein Einrad nicht einmal auf Radwegen fahren. Auf Radwegen wird man aber das meiste Verständnis für einen Einradfahrer aufbringen. Das ist auch von der Verkehrssituation und der Region abhängig. In Norddeutschland wird mehr auf Radler geachtet als z. B. im Rhein-Main-Gebiet. Die Sicherheit, auch die der anderen, geht vor! Fußgängerzonen sind keine Spielplätze, daher solltest du auch dort immer aufmerksam sein!

Übe das sichere Geradeausfahren, während du dich umschaust.

Eine gute Übung (auch um die Eltern zu beruhigen) ist es, das Umschauen zu üben, ohne dass du in deiner Fahrweise unsicherer wirst. Fahre auf einer geraden Linie entlang, während ein Helfer einige Meter hinter dir hergeht oder auf dem Einrad fährt und eine beliebige Anzahl Finger hochhält. Du musst durch Umschauen erkennen können, wie viele Finger das sind und die Zahl laut sagen. Dein Ziel lautet, weder von der Linie abzuweichen noch unsicherer zu werden und du sollst erkennen, was hinter dir genau geschieht. Übe beide Richtungen des Schulterblicks. Der Helfer variiert natürlich die angezeigte Fingerzahl und spitzt den Winkel, in dem er hinter dir hergeht, langsam zu. Zunächst läuft er schräg hinter dir und steigert das dann, bis er direkt hinter dir ist. Der Fahrer kann sogar üben, den Blick um mehr als 180° zu drehen.

In den Bahnbeförderungsbestimmungen werden bisher keine Einräder erwähnt. Eine Fahrradkarte zu kaufen, ist nicht nötig, denn dafür steht in den Bestimmungen: "... Fahrrad herkömmlicher Bauart ...". Aber das heißt noch nicht, dass ein Tandem kostenfrei befördert wird. Letztendlich hat der Schaffner das letzte Wort, ob ein Einrad mit der Bahn mitgenommen werden kann oder nicht. Für Einräder bis 20" ist das kein Problem, die passen bei den meisten Bahnen unter die Sitze oder in die Gepäckablage. 24"-Einräder können auch gut im Gang stehen, wenn die Pedale so abgedeckt werden, dass niemand daran hängen bleibt. Größere Einräder und Giraffen bereiten da schon mehr Probleme. Aber kein Schaffner wird etwas sagen, wenn keine Verletzungsgefahr besteht. Für kurze Zeitspannen kann eine Giraffe aufrecht auf dem Sattel stehend festgehalten werden. Dann muss man aber dafür sorgen, dass nichts zwischen Kette und Kettenblatt gerät. Am ungefährlichsten ist es, wenn man das Pedal festhält und die Kette nach innen zu sich dreht. Für ein 28"-Einrad wird es im Berufsverkehr sicher etwas eng. Manchmal ist es besser, die Pedale abzuschrauben. In der Regel reicht es aber, das Rad abzudecken, sodass es erst gar nicht auffällt. Bei langen Touren eignet sich dein Schlafsack hervorragend dazu, es reicht aber oft schon z. B. ein Müllsack. Ich gehe immer in ein Fahrradabteil, da gibt es erst gar keine Diskussionen. Im ICE wird es bisweilen etwas eng, es ist aber machbar mit normalen Einrädergrößen bis 24".

Ein versperrter Weg für den Zugbegleiter kann zu Problemen führen.

2   HERAUSFORDERUNGEN UND VERTIEFUNGEN

A)   AUFBAUTRICKS UND EINRADAKROBATIK

Das Einrad lässt sich gut mit Jonglage und mit anderen Zirkuskünsten kombinieren.

Um die Vielfalt des Einrades zu nutzen und um Einradgruppen mit fortgeschrittenen Teilnehmern noch etwas bieten zu können, sollte man stets auf der Suche nach Herausforderungen sein. Aufbautricks oder Kombinationen mit anderen artistischen Techniken bieten sich da an. Es wurden bisher bereits einige Möglichkeiten vorgestellt, was sich alles mit dem Einradfahren kombinieren lässt: Gegenstände aufheben, Seilspringen, Balance auf der Sportbank usw.

Eine tolle Möglichkeit zur Kombination mit dem Einrad bietet die Jonglage. Während das Einrad mit den Beinen und dem Unterleib kontrolliert wird, sind für die Jonglage Oberkörper und Arme ausschlaggebend. Beides zusammen ergänzt sich ideal. Um Kombinationen zu lernen, sollte man mit den einzelnen artistischen Techniken **nacheinander aufbauend** einsetzen. Sinnvollerweise beginnt man dabei mit dem Einrad, da der unruhige Aufstieg so vorweggenommen werden kann. Die Jonglierrequisiten werden in den Händen bereitgehalten und die Jonglage setzt ein, sobald das Einrad nach dem **Aufstieg** sicher unter Kontrolle ist.

Die Aufmerksamkeit muss man entsprechend auf die beiden Aktivitäten verteilen. Das erfordert die Fähigkeit zu Dezentralisation und Konzentration gleichermaßen und schult die periphere Wahrnehmung enorm.

Jonglieren oder Akrobatik muss man – ähnlich wie Seilspringen – natürlich zuerst ohne Einradfahren lernen, am besten mithilfe eines Lehrbuches (s. Kap. F 4), oder indem du Kontakt zu anderen Jongleuren oder Akrobaten in der nächsten großen Stadt suchst.

Zu zweit auf einem Einrad fahren, ist nicht schwer, wenn der Untermann sicher fahren und pendeln kann. Am besten geht es, indem sich der Obermann auf die Schultern oder huckepack setzt. Aber auch auf der Gabel des Einrads oder ganz oben auf den Oberschenkeln des Untermannes kann er stehen und mitfahren. Er kann auch auf den Schultern im Stütz mitfahren.

Auf der Gabel stehend oder auf der Schulter oder ganz oben auf den Oberschenkeln des Untermannes findet sich ein Stand und ein Halt für den Obermann. Probiert selbst verschiedene Möglichkeiten aus, wenn ihr sicher genug seid.

B) EINSTUFUNG VON TRICKS IN SCHWIERIGKEITSGRADE

Bei Weltmeisterschaften im Freestyle gibt es, wie beim Eiskunstlauf, Punkte auf Tricks je nach Schwierigkeitsgrad.

In diesem Buch habe ich auch eine Einteilung vorgenommen, um dir zu zeigen, ob du eher mit mehr oder weniger Schwierigkeiten rechnen musst, bei dem Trick, den du gerade ausgesucht hast. Neben den Kapitelüberschriften findest du deshalb zur Orientierung ein kleines Bildchen mit Schwierigkeitsgraden von 1-3.

= SCHWIERIGKEITSGRAD 1

= SCHWIERIGKEITSGRAD 2

= SCHWIERIGKEITSGRAD 3

Je mehr Männchen am Ende der Überschrift stehen, desto schwerer ist der Trick oder die Technik zu lernen.

Wir gehen davon aus, dass die echten Schwierigkeiten erst beginnen, wenn man die Grundtechniken beherrscht, daher ist das Vorwärtsfahren sozusagen Schwierigkeitsgrad 0. Schwierigkeitsgrad 1 bedeutet, dass es ungefähr so schwer ist wie das Pendeln oder alles, was man im Vorwärtsfahren machen kann, um das normale Fahren zu erschweren. Schwierigkeitsgrad 2 ist etwa so schwer wie eine anspruchsvolle Variante der Pendeltechnik und Schwierigkeitsgrad 3 eben noch etwas schwerer, aber durchaus noch in ein paar Wochen erlernbar! Möglicherweise findest du auch manches mehr oder weniger schwer, als es hier angegeben ist, weil es natürlich auch unterschiedliche Lerntypen und Begabungen gibt.

KAPITEL 6

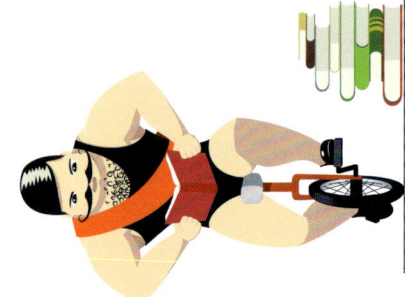

F MATERIALKUNDE, SCHULEN, TREFFEN, LITERATUR, HÄNDLER

1 MATERIALKUNDE UND KAUFEMPFEHLUNG

A) EINRAD

WAS DU BEIM KAUF BEACHTEN SOLLTEST

Um es gleich zu Beginn klarzustellen: Ein Einrad ist kein abgesägtes Fahrrad. Die Ersatz- und Einzelteile sind damit auch nicht überall problemlos zu erhalten, denn sie unterscheiden sich grundsätzlich von Fahrradbestandteilen. Es gibt am Einrad keinen Lenker zum Festhalten und von einem normalen Fahrradsattel auf dem Einrad würde man nach vorne abrutschen. Die ersten Einräder hatten zwar normale Fahrradsättel, die in der Neigung vorne höher waren, das war aber denkbar unbequem. Auch die Achse muss für ein Einrad extra angefertigt werden, denn sie ist direkt und starr mit dem Laufrad und den Kurbeln verbunden. Das gibt es nicht beim Fahrrad. Ebenso wirst du am Einrad keine Fahrradkurbeln finden, denn beim Fahrrad sitzt das Kettenblatt fest an der rechten Kurbel.

All diese Sonderanfertigungen machen ein Einrad nicht zu einem Massenprodukt, sondern zu einer Kleinserie in der Produktion und damit vielleicht teurer, als man erwartet hätte. In Südostasien gilt das Einrad in erster Linie als Kinderspielzeug und man trifft es in zahlreichen Schulen als Pausenfüller an. Hier wird es in Massen produziert, aber eben für den südostasiatischen Markt für Kinder oder kleinere Erwachsene. Diese günstigeren Einräder haben oft nicht die gewünschte Stabilität, werden aber in Deutschland mittlerweile in Kaufhäusern, Supermärkten, Baumärkten, im Bücherversand, bei Internetversteigerungen usw. angeboten, oft auch in Fahrradläden und Fachgeschäften für Artistik als preiswerte Alternative zu den Markenprodukten.

Mittlerweile boomt aber der Markt auch in Deutschland und neue Hersteller kämpfen um Marktanteile. Ständig kommen neue Produkte auf den Markt und andere verschwinden wieder. Darum möchten wir in der Kaufempfehlung weniger Marken beim Namen nennen, sondern eher aufzählen, auf was man grundsätzlich achten sollte. Dann ist die Kaufempfehlung nicht schon veraltet, wenn du sie liest, sondern zeitlos.

Einräder gibt es in mehr Varianten und Preisklassen, als man erwarten würde. Es gibt Räder von 12" bis über 50" (" ist eine Abkürzung für „Zoll" und bezeichnet den Raddurchmesser).

Aber das Teuerste ist nicht automatisch auch am besten für dich geeignet. Kleinere Radgrößen sind wiederum nicht unbedingt für kleinere Fahrer gedacht. Zunächst musst du dir klar darüber werden, was du mit dem Einrad eigentlich machen möchtest. Entscheidungsmöglichkeiten ergeben sich z. B. durch folgenden Gedanken:

- Ich möchte es nur mal probieren.
- Ich möchte das Fahren lernen und dann vielleicht auch erste einfachere Tricks probieren.
- Ich möchte einfach durch die Stadt fahren, vielleicht mit einem Freund zusammen.
- Ich möchte weite Strecken zurücklegen oder vielleicht Wettrennen fahren.
- Ich kann schon Einrad fahren und möchte jetzt mehr lernen: schwerere Tricks, längere Strecken oder Cross fahren.
- Ich möchte mit jemandem zusammen Akrobatik auf dem Einrad machen.
- Ich möchte darauf Hockey spielen.

MÖGLICHE KAUFEMPFEHLUNG FÜR DEIN ERSTES EINRAD:

Obwohl viele Eigenschaften eines Einrads also nicht gut oder schlecht, sondern nur passend oder unpassend für den individuellen Bedarf sind, kann man eine Art Standardempfehlung zum Kauf für ein etwa 10-jähriges Kind zusammenstellen, wobei die wichtigsten Kriterien zuerst genannt werden. Zum Fahrenlernen ist ein 20"- oder 24"-Einrad am besten geeignet, weil es dem vertrauten Laufen an Tempo und Höhe am nächsten kommt. 16" empfehlen wir ausschließlich für Kinder, die zu klein für 20" sind. Größer als 24" eignet sich weniger zum Fahrenlernen. Natürlich kann man auch mit einem 24" Einradhockey spielen oder mit einem 16" Cross fahren. Aber es ist nicht die einfachste Variante. Ein Entscheidungskriterium kann auch sein, dass ein Freund von dir schon ein Einrad hat und ihr zusammen Tricks oder Touren machen wollt, dann empfehlen wir ein Rad in gleicher Größe, damit sich der eine nicht abstrampeln muss, während der andere gemütlich vor sich hintritt. Vor deinem Einradkauf solltest du besonders die Tipps zu Sattel, Sattelstange und -klemme und zu den Kurbeln beachten.

125

DAS ERSTE EINRAD KÖNNTE FOLGENDERMASSEN AUSSEHEN:

20-Zoll-Rad, Kugellager mit Lagerschellen, mindestens 28 Speichen, Sattelklemme mit Inbus®-Schraube, harter Sattel, gut verschraubte Stoßkanten, Pedale mit Gummibeschichtung, kurze Sattelstange und heller Reifen.

Es ist fraglich, ob es ein solches Rad in dieser Kombination immer gerade zu kaufen gibt, aber auf die ersten vier Kriterien sollte man zumindest achten. Es ist auch eine Preisfrage, doch sollte das Einrad für den Einsteiger weniger als 70,- € kosten, **für 50,- € gibt es heute bereits ordentliche Räder!** Im gut sortierten Fachhandel (z. B. Municycle.com, Pappnase & Co., s. **Kap. F 5**) kann man sich auch ein Einrad nach Wunsch zusammenstellen lassen, doch kostet es dann natürlich etwas mehr.

Wenn du bereits dein Einrad gekauft hast, dann kontrollierst du zuerst, ob sich die Pedale auf der richtigen Seite befinden. Die Pedale sind mit R und L markiert, die Kurbeln auf den Innenseiten ebenfalls (wichtige Informationen dazu findest du unter: „Tipps zur Pflege und zur Montage" s. S. 149ff).

Die Höhe des Sattels stellst du über die Sattelstangenklemme ein; die Höhe sollte ähnlich wie beim Fahrrad sein: Wenn du ordentlich im Sattel sitzt, sollst du mit der Fußsohle auf die Pedale kommen, wenn sie sich in der untersten Position befinden, ohne die Knie durchdrücken zu müssen.

Scharfkantige Schrauben, Muttern oder Bleche unter dem Sattel klebst du am besten ordentlich ab, damit du dich nicht daran verletzt.

Wenn du schon genau weißt, was du machen möchtest und dir eventuell ein zweites Rad zulegen möchtest, kannst du dich zusätzlich an dieser Tabelle orientieren:

Das möchte ich machen:	Empfohlenes Einrad:	Vor- und Nachteile:	Das bekomme ich hier:	Preiskategorie in Euro:
Nur das Fahren lernen, Option, später eher Tricks zu machen	20",eckige Gabel	Wendiger als Einräder mit größerem Raddurchmesser	Überall, wo Einräder angeboten werden	Ab 50,- bei Sonderangeboten, sonst ab 70,- bis 120,-
Nur das Fahren lernen, Option, später eher Strecken zu fahren	24"	Flotter unterwegs und geländegängiger als mit kleinerem Raddurchmesser	Überall, wo es üblicherweise Einräder gibt	Ab 70,- bis 120,-
Hockey	20" , weil wendig	Da damit nur in der Halle gefahren wird, ist ein besonders hochwertiges Rad nicht nötig	Überall, wo Einräder angeboten werden	Ab 40,- bis 120,-
Lange Strecken	28", Kurbellänge je nach Gefälle und Strecke	flott, aber große Sitzhöhe	Siegmono, Pappnase (s. Kap. F 5)	200,- bis 300,-
Offizielle Wettrennen	24" (bis 61,8 cm Durchmesser) 125 mm Kurbeln, Kunststoffpedale	Schneller als 20", weniger für Tricks geeignet	Überall, wo Einräder üblicherweise angeboten werden, aber auf vorgeschriebene Kurbellängen achten	Ab 70,- bis 300,- je teurer, desto leichter und hochwertiger
Tricks (Freestyle) auf ebener Fläche	Freestyle 20", eckige Gabel, stabile Achse, Griff am Sattel, eher kürzere Kurbeln, Hochdruckreifen, für die Halle ein heller Reifen, falls nötig	Wendig, leicht	Div. Jonglierläden, Municycle. com, Ajata, Siegmono (s. Kap. F 5)	120,- bis 300,-

MATERIALKUNDE UND KAUFEMPFEHLUNG

Das möchte ich machen:	Empfohlenes Einrad:	Vor- und Nachteile:	Das bekomme ich hier:	Preiskategorie in Euro:
Trial für Treppen und Sprünge	Trial, MUni 20", eckige Gabel, stabile Achse, am besten Vielzahnnabe, Griff am Sattel, breiter Reifen	Gut zum Springen, Ersatzteile nur im Fachgeschäft	Municycle.com, Ajata, div. Jonglierläden	250,- bis 500,- hier kann man grob sagen: je teurer, desto stabiler
MUni (Mountain Unicycle) für Feld, Wiese, Stock und Stein (Foto s. S. 153)	MUni 24", eckige Gabel, stabile Achse, Griff am Sattel, breiter Reifen, lange Kurbeln	Gut im Gelände, Ersatzteile nur im Fachgeschäft	Municycle.com, Ajata, div. Jonglierläden	250,- bis 500,- hier kann man grob sagen: je teurer, desto stabiler
Akrobatik	20"eckige Gabel, stabile Achse, Griff am Sattel, breiter oder Hochdruckreifen		Pichler	300,- bis 500,-
Jonglieren auf Einrad	20" eher längere Kurbeln		Überall, wo Einräder angeboten werden	ab 40,- in Sonderangeboten, bis 150,-

Das kann ich damit machen:	Weitere Einradgrößen:	Vor- und Nachteile:	Das bekomme ich hier:	Preiskategorie in Euro:
Gags, Straßenshow	12"	Anstrengend zu fahren	Siegmono, Pappnase, Pichler, Jonglierläden	250,-
Für kleine Kinder einsetzen	16"		Siegmono, Jonglierläden	Ab 70,- bis 90,-
Für kleine Kinder einsetzen	18"	Wenige Ersatzteile zu bekommen	Siegmono	Ab 80,- bis 100,-
Kompromiss zwischen 20" und 24"	22"	Wenige Ersatzteile zu bekommen	Siegmono	100,-
	26"	Für lange Strecken gut geeignet, kaum Ersatzteile zu bekommen	Siegmono, Municycle.com	

Das kann ich damit machen:	Weitere Einradgrößen:	Vor- und Nachteile:	Das bekomme ich hier:	Preiskategorie in Euro:
	29" 30"		Municycle.com, Pichler, Siegmono	
Weite, übersichtliche Überlandstrecken	36" und größer	Träge bei Gefälle, Steigungen, Kurven und Bremsung. Anfällig für Achter	Pappnase, Municycle.com	300,- bis über 600,-
Show	Giraffe		Siegmono, Jonglierläden	Ab 200,-; je nach Ausstattung und Höhe gibt es nach oben kaum eine Grenze
Show	Giraffe	Sehr hochwertig, stabil	Pichler	Ab 300,- je nach Ausstattung und Höhe gibt es nach oben kaum eine Grenze
Show und Herausforderung	Twice (zwei Räder übereinander, Antrieb umgekehrt)	Sehr schwer zu fahren	Siegmono, Pappnase, Pichler	300,-
Show	Trice (drei Räder übereinander, Antrieb normal)		Siegmono, Pichler	440,-
Show	Ultimate		Municycle.com, Pichler, Nimbus	100,- bis 200,-
Herausforderung, Gag	Känguru (beide Pedale in gleicher Richtung, Achse nicht zentrisch)		Siegmono, selbst bauen oder anfertigen lassen	
Herausforderung	Impossible	Sehr sehr schwer zu fahren	Municycle.com, selten im Handel, selbst bauen oder anfertigen lassen	120,-

Lasse dich als Anfänger nicht von den großen Tabellen abschrecken: Diese sollen auch eine Hilfe für Leute bieten, die schon ein oder mehr Einräder besitzen. Es handelt sich dennoch nur um eine grobe Einteilung. Gut bestückte Läden verfügen auch über eine größere Auswahl an Einradmodellen.

Auch infolge des derzeitigen Einradbooms wird sich die Angebotsbreite der Firmen sicher noch erweitern.

Auf die in der Schweiz verbreiteten Vitelli- und Imholz-Einräder sind wir hier nicht eingegangen.

WOHER DU EIN EINRAD BEKOMMEN KANNST

Günstige Einräder bekommst du oft als Schnäppchen in Kaufhäusern und Internetauktionsbörsen, allerdings ohne jede Beratung. Diese Einräder reichen oft schon, um damit das Fahren zu lernen. Aber wenn du schon weißt, dass du mehr damit machen möchtest, ist es schade, wenn du schon bald ein besseres Einrad benötigst. Wir unterscheiden Einradbezugsquellen vor allem nach der Qualität der Beratung. Natürlich kann es überall auch rühmliche Ausnahmen geben. Im Allgemeinen gilt aber:

Geschäft:	Beratung?	Service?	Empfehlung: Nur kaufen, wenn ...
Aktionswoche im Supermarkt, Buchhandel, Baumarkt, ...	Keine Beratung	Keine Auswahl, kein Service, keine Ersatzteile, selten Zubehör.	... du selbst etwas Ahnung hast und darauf achten kannst, dass ein Einrad richtigherum zusammengebaut ist oder du ein falsch zusammengebautes Rad umbauen kannst! ... du etwas Preiswertes suchst.
Internetauktionshaus	Keine Beratung	Kein Service, keine Ersatzteile, kein Zubehör.	... du selbst etwas Ahnung hast und darauf achten kannst, dass ein Einrad richtigherum zusammengebaut ist oder du ein falsch zusammengebautes Rad umbauen kannst! ... du etwas Preiswertes suchst. ... du mit den Tücken der Internetauktionen vertraut bist.
Sportbedarf	In der Regel keine kompetente Beratung, da die Verkäufer auf andere Sportarten spezialisiert sind, selbst nicht fahren können und nicht wissen, dass es rechte und linke Kurbeln gibt.	In der Regel kein Service, keine Ersatzteile, kaum Auswahl, aber eine gute Zubehörpalette an Schutzkleidung.	... du selbst etwas Ahnung hast und darauf achten kannst, dass ein Einrad richtigherum zusammengebaut ist oder du ein falsch zusammengebautes Rad umbauen kannst! ... du etwas Preiswertes suchst. ... du erkennen kannst, ob es ein Ladenhüter oder zu teuer ist.
Spielefachgeschäft	In der Regel keine Beratung	Keine Auswahl, kein Service, keine Ersatzteile, kein Zubehör.	... du selbst etwas Ahnung hast und darauf achten kannst, dass ein Einrad richtigherum zusammengebaut ist oder du ein falsch zusammengebautes Rad umbauen kannst! ... du etwas Preiswertes suchst. ... du erkennen kannst, ob es ein Ladenhüter ist oder zu teuer ist.

Geschäft:	Beratung?	Service?	Empfehlung: Nur kaufen, wenn ...
Fachgeschäft für pädagogische Spielmaterialien	Hier kann die Beratung gut sein, ist aber selten auf dem neuesten Stand.	Keine Auswahl, selten mit Service, keine Ersatzteile, selten Zubehör.	... du selbst etwas Ahnung hast und darauf achten kannst, dass ein Einrad richtigherum zusammengebaut ist oder du ein falsch zusammengebautes Rad umbauen kannst! ... du etwas Preiswertes suchst. ... du erkennen kannst, ob es ein Ladenhüter, oder zu teuer ist.
Fahrradladen	In der Regel eine bemühte Beratung, aber die Verkäufer können in den seltensten Fällen Einradfahren und wissen nicht, dass es ein Links und Rechts bei den Kurbeln gibt.	Kleinere Reparaturen; einrad-spezifische Ersatzteile nicht vorrätig, in der Regel aber bestellbar; Zubehör erhältlich, Schutzkleidung eher im BMX-Fachgeschäft.	... du selbst etwas Ahnung hast und darauf achten kannst, dass ein Einrad richtigherum zusammengebaut ist.
Stand auf Messen	Oft sitzt der kompetenteste Verkäufer hinter der Theke.	Oft gibt es hier einen Vor-Ort-Service und dein Einrad kann durchgecheckt werden, je nach Andrang, je nach Händler auch viele Ersatzteile und Zubehör erhältlich.	... du ein Schnäppchen machen oder Zweite-Wahl-Einräder bekommen und das neueste Produkt kennen lernen willst. ... du dich informieren willst, aber nicht auf große Auswahl bei einem spontanen Kauf.

132

Geschäft:	Beratung?	Service?	Empfehlung: Nur kaufen, wenn ...
Jongliergeschäft, Artistikfachgeschäft	Ja, aber frage nach dem Einradfachverkäufer. In der Regel gibt es mindestens einen im Geschäft, der auch Einradfahren kann. Wenn du Pech hast, arbeitet er an einem anderen Tag. Aber die Beratung ist dann sehr gut. Sonderbestellungen werden in der Regel auch entgegengenommen. Das Geschäft ist nicht auf eine Marke beschränkt, wie z. B. einen Einradhersteller.	In der Regel sehr guter Service und Auswahl. Je nachdem, ob der Fachmann für Einräder gerade da ist oder gerade ein Engpass an Mitarbeitern besteht, können Reparaturen auch einige Tage dauern. Alle Teile können bestellt werden. Manches kann vorrätig sein. Keine Schutzkleidung.	... du das Einrad vom Fachverkäufer in die Hand gedrückt bekommst. Lasse ihn die Höhe einstellen. ... du darauf achten kannst, dass das Einrad richtig zusammengebaut ist, wenn es keinen Fachmann für Einräder gibt. ... du das Weihnachtsgeschäft meiden kannst, denn dann haben Verkäufer deutlich mehr Zeit für dich.
Einradfachgeschäft	Fantastisch! Sage dem Verkäufer genau, was du haben möchtest, frage auch nach seinen Empfehlungen. Er ist immer auf dem neuesten Stand, verkauft aber – zu Recht – am liebsten seine eigenen Produkte.	Besser geht's nicht! Beste Auswahl und Ersatzteile; manchmal sind die Läden aufbestimmte Marken beschränkt; Zubehör: Alles!	... du es irgendwie einrichten kannst! Meide das Weihnachtsgeschäft und die Zeit vor einer Einrad-WM oder sonstigen größeren Einradtreffen. Oft sind Verkäufer und Hersteller in dieser Zeit am meisten beschäftigt und haben weniger Zeit für dich.

Wenn du genau weißt, was für ein Einrad du möchtest und keine Beratung benötigst, kannst du dein Einrad auch bei einem Versand ohne eine Bildvorlage bestellen. Dennoch ist bei Lieferung eine Kontrolle zu empfehlen. Beim Kauf in einer Internetauktionsbörse kann man sehr günstig Einräder bekommen, aber ob man lange daran Freude haben wird, ist nicht sicher. Üblicherweise sind keine näheren Informationen zu den Einzelteilen angegeben. Sattelstangen können zu kurz sein, Sättel ohne Metallkern oder die Lageraufhängung ist eine veraltete Konstruktion. Schon öfters haben wir es erlebt, dass ein Einrad geliefert wurde, das eine andere Lageraufhängung hatte, als abgebildet war. Achte darauf! Oft haben Kursleiter oder z. B. Ferienspielorganisatoren nicht sehr viel Geld zur Verfügung. Dennoch sollten diese Kursleiter sich überlegen, ob es sich nicht lohnt, etwas mehr Geld auszugeben und weniger Arbeit mit Reparaturen zu haben. Der Kauf in Internetauktionsbörsen lohnt sich nur, wenn entsprechende Einräder sehr günstig sind und nicht lange halten müssen, wie z. B. in einmaligen Workshops.

Größenvergleich von 20-Zoll- und 24-Zoll-Rädern mit einem Schuh der Größe 44.

Das MUni (Mountain Unicycle) oder Trial-rad ist wuchtig gebaut, stabil und dennoch nicht zu schwer. Reifen, Felge und Lager sind extra breit, eine Bremse (!) entlastet die Muskeln bei Fahrten bergab und ermöglicht neue Bewegungsmuster.

14-Zoll-Räder sind für besonders kleine Kinder geeignet, die in Ausnahmefällen schon so früh mit dem Üben beginnen.

IM FOLGENDEN BESCHREIBEN WIR ALLES WISSENSWERTE ÜBER DIE EINZELNEN BESTANDTEILE UND ERSATZTEILE DES EINRADS

SATTELSTANGENBEFESTIGUNG

Schnellspanner sind praktisch, halten aber nicht so gut wie feste Sattelstangenklemmen. Schnellspanner sind toll für Einräder, die von mehreren Leuten verschiedener Größe genutzt werden, z. B. in der Schule, in Kursen, für Workshopeinräder oder wenn du dein Einrad mit Geschwistern teilst. Schnellspanner solltest du nur mit der dafür vorgesehenen Klemme nutzen. In die Inbus®-Klemme passen zwar einige Schnellspanner, verbiegen sich darin aber. Vorsicht ist geboten bei billigen Einrädern, denn dort werden oft Klemmen mit Schnellverschluss angeboten. Die sehen auf den ersten Blick aus wie Schnellspanner, weil sie auch einen Hebel haben, sind aber keine. Der Hebel ist an einer Art Mutter befestigt und du sparst dadurch weiteres Werkzeug, aber sie halten nicht so gut und sie ragen so weit nach außen heraus, dass Verletzungsgefahr besteht.

Wenn nur du auf deinem Einrad fährst, dann solltest du eine festere Sattelstangen-klemme wählen.

Ebenfalls empfehlenswert sind solche festen Klemmen in Gruppen, wo mehrere Räder im Einsatz sind, wenn ein unbefugtes Verstellen der Sättel vermieden werden soll, also bei Zirkuswochen und anderen Projekten (s. u. „Tipps zur Pflege und zur Montage"). Wenn man stets den kleinen Inbus®-Schlüssel bei sich trägt und alle Räder mit der glei-chen Klemme versehen sind, dann spart man sich viel Zeit und Ärger.

Die Kanten in einigen Inbus®-Schrauben neigen allerdings dazu, nach häufigerem Ge-brauch abzurunden, sodass du sie nicht mehr anziehen kannst. Der Hebel zum Festziehen ist bei Inbus®-Schlüsseln nicht so groß wie bei Maulschlüsseln. Deshalb kannst du mit den billigsten Sattelstangenklemmen mit ganz normalen Schrauben und Muttern oft den festesten Halt erreichen.

Klemmen aus Aluminium mit integriertem Gewinde darfst du nicht so fest anziehen, weil Aluminium recht weich ist und ausreißt. Die offene Seite der Klemme muss sich über dem Schlitz des Sattelstützrohres befinden, damit sich beides gemeinsam zuziehen kann.

Hast du eine Gabel mit einer angeschweißten Sattelstangenklemme und möchtest diese austauschen, dann ist das kein Problem. Ein einfacher Schlag mit dem Hammer nach oben am Sattelrohr entlang löst die Verbindung.

TIPP

Achte darauf, dass die Klemme nicht zu hoch oder zu tief am Sattelstützrohr sitzt. Da der meiste Zug oben und unten an der Klemme herrscht und diese Stellen da-mit für den Halt verantwortlich sind, sollte die Klemme 3-4 mm von der Oberkante entfernt sitzen.

Eine gute Sattelstangenbefestigung ist die massive Klemme mit Inbus®-Schraube (oder alternativ mit zwei Schrauben) links. Der Schnellspanner rechts hält nicht ganz so fest, kann aber ohne Werkzeug bedient werden. Der Schnellverschluss, eine Schraube mit Hebel, in der Mitte des Bildes, ist die schlechteste Lösung.

SATTEL

Da alle Menschen unterschiedlich sind, gibt es Sättel, die für den einen eine Wohltat und für den Nächsten eine Qual sind. Weiche Sättel machen zunächst einen bequemen Eindruck, auf Dauer kann aber unter Umständen die Platte schmerzhaft drücken. Vor kurzem haben wir einen teuren Gelsattel probegesessen. Die Idee ist gut, aber bereits nach wenigen Minuten hatte ich auch hier die Platte gespürt. Der Cio-Sattel ist günstig und hat einen Bezug, den du leicht abnehmen kannst. Hier kannst du den Schaumstoff einfach herausnehmen und den Sattel mit deiner bevorzugten Füllung ausstopfen. Vorsicht: Die Befestigungslaschen des Bezugs reißen leicht ab.

Generell solltest du keinen Sattel kaufen, dessen Grundplatte aus Kunststoff besteht. Diese brechen früher oder später, meist genau in der Mitte oder direkt vor der Platte, auf der sie befestigt sind. Unbequem sind große, reibende Nähte auf der Oberseite. Die Preise für Sättel bewegen sich zwischen 5,- und 70,- €. Die meisten Sättel kannst du mit den vier Schrauben auf der Unterseite auch in der Neigung verstellen. Für den Anfang empfehle ich eine mittlere Einstellung, dann kannst du später in beide Richtungen nachstellen. Sollte der Sattel vorne sehr drücken, dann kannst du ihn vorne (!) höher machen. Dadurch wird deine Sitzposition etwas nach hinten verlagert. Je schwerer du bist, desto mehr Geld musst du für einen bequemen Sattel ausgeben (oder: desto weniger Zeit kannst du auf deinem Einrad verbringen).

Vier Hutmuttern geben hier an der Unterseite des Sattels Halt für feste Stoßkanten. Da du für einige Tricks vorne unter den Sattel greifen musst, solltest du, wenn du keinen Griff hast, dort alles woran du dich verletzen kannst, abkleben (Kanten, Schrauben). Mit den Schrauben an der Sattelstange kann die Neigung verändert werden.

Ein Griff am Sattel ist für einige Tricks hilfreich, aber nicht zwingend notwendig. Da du für einige Tricks vorne unter den Sattel greifen musst, solltest du, wenn du keinen Griff hast, dort alles woran du dich verletzen kannst, abkleben (Kanten, Schrauben).

NABE UND ACHSE

Hier hat sich in den letzten Jahren am meisten getan, denn mit dem Einradboom und der noch neuen Trial- und MUniszene sind die Ansprüche stark gestiegen. Eine kaputte Achse ist ärgerlich, weil sie teuer und besonders aufwendig zu reparieren oder auszutauschen ist. Keilachsen sind vom Markt verschwunden, weil sie am meisten Wartung benötigten (wenn ich auch niemals eine kaputte Keilachse sah). Vierkantachsen sind heute verbreitet, halten den stärksten Belastungen auf Dauer aber nicht stand, denn hier walten ungeheure Kräfte. Sobald eine Kurbel wackelt, solltest du nicht mehr weiterfahren, denn sonst wird der Vierkantbereich abgerundet. Nimm dir die Zeit, um die Kurbel wieder gut zu befestigen. Dabei musst du auf die Achse achten, denn nicht bei jedem Modell kannst du die Schrauben, die die Kurbeln auf der Achse halten, beliebig fest anziehen. Je mehr Kraft du aufwenden kannst, etwa durch einen besonders langen Hebel am Werkzeug, desto vorsichtiger musst du sein. Bei billigen Einrädern aus Südostasien ist sehr schnell das Gewinde auf der Achse „abgeschraubt". Selbst bei Suzue-Achsen kann zu viel Kraft das Gewinde zerstören, auch wenn sie deutlich stabiler sind als die Billigvarianten. N&K-Achsen sind auf neuen Einrädern nicht mehr so weit verbreitet, hier kannst du mit ordentlich viel Kraft die Kurbeln über die Schraube auf die Achse ziehen. Die N&K-Achsen wurden in großen Serien produziert. Vereinzelt gab es Serien, die zu stark gehärtet waren, dann brechen sie, oder zu wenig gehärtet, dann können sie sich verbiegen. Auf Suzue- und N&K-Achsen steht die Bezeichnung drauf. Sie sind in hochwertigen Einrädern von Siegmono, Pichler oder vereinzelt in Quax-Einrädern vertreten. Pichler experimentiert aber auch mit einer eigenen Achse, die in den neuesten Modellen von Pichler eingebaut ist. Hier fehlen natürlich noch Langzeitererfahrungen. Seit 2003 werden in Trial- und MUni-Cross-Einräder Vielzahnachsen (auch *Spline* genannt) und entsprechende Kurbeln eingebaut. Damit ist die verbindende

Oberfläche zwischen Kurbel und Achse besonders groß und ein Ausschlagen unwahrscheinlicher. Da mehrere Hersteller in etwa gleichzeitig mit verschiedenen Vielzahnachsen auf dem Markt erschienen, gibt es hier auch noch kein einheitliches Maß. Ob alle nebeneinander auf dem Markt bestehen können, oder sich ein Maß durchsetzen wird, kann man noch nicht absehen. Seit 2005 gibt es verschiedene Achsen mit verschiedenen Kurbelangeboten von 10-36 Zähnen. Die Auswahl an Kurbeln ist hier zwar (noch) nicht so groß, aber sie halten besser.

Es gibt viele verschiedene Naben, aber keine erwähnenswerten Qualitätsunterschiede. Achte beim Einzel-Kauf darauf, dass Nabe, Felge und Speichenlänge, -zahl und -durchmesser zusammenpassen.

LAGER

Hierbei handelt es sich stets um Industriekugellager, die du problemlos nachkaufen kannst. In einem gut sortierten Baumarkt oder Fachgeschäft sind sie dennoch teurer als in Fachgeschäften für Einräder. Bis vor kurzem gab es nur einen Durchmesser bei Einradlagern, was ein Austauschen von Lagern oder Gabel leicht gemacht hat. Für MUnis werden nun auch Lager mit einem Durchmesser von 42 mm angeboten. Wenn du ein Lager austauschen möchtest, benötigst du einen hochwertigen Lagerabzieher, aber selbst dann kann das auf die Achse gepresste Lager so fest stecken, dass es sich nicht löst. Du kannst ein beschädigtes Lager auch zersägen oder abflexen. Achte dabei darauf, andere Teile, wie Achse oder Nabe, nicht zu beschädigen. Ein neues Lager musst du vorsichtig, aber mit viel Kraft aufdrücken, am besten mit einer Presse. Diese darf aber nicht außen am Lager ansetzen, sondern nur am Innenring direkt über der Achse. Gehe in kleinen Schritten vor. Wenn du das Lager einmal zu weit aufgedrückt hast, dann wird es schwer, es wieder zurück zu bewegen. In der Regel müssen Lager nicht ausgetauscht werden. Sie sind in sich geschlossen und wartungsfrei, dennoch schadet hin und wieder ein Tropfen Öl, den man hineinlaufen lässt, nichts.

LAGERAUFHÄNGUNG

Dies ist ein wichtiger Punkt, denn hier können dir Billigeinräder den Spaß verderben. Geschlossene Lageraufhängungen aus Aluminium (siehe Foto und Bilder S. 147) sind auf den ersten Blick gut, ihre Befestigungen halten aber den Belastungen nicht lange stand. Das Material der Gabel ist zu weich und die Gabel wird unten ausbrechen. Eine sehr ähnliche Variante gibt es von Miyata, die aber in der Verarbeitung viel hochwertiger ist. Pichler verfolgt eine eigene gute Idee, bei der die Lageraufhängung fest mit dem Gabelarm verbunden ist.

Eine preiswerte und relativ geeignete Befestigung ist eine von unten angeschraubte Halbschale.

Am gängigsten ist die zweigeteilte Lageraufhängung mit Schellen, bei der du darauf achten musst, dass du die Schrauben nicht zu fest anziehst, sonst wird das Lager zusammengedrückt. Es ist zwar aus Stahl, aber ein zu festes Anziehen der Schrauben macht sich sofort bemerkbar. Das Lager kann sogar zerstört werden. Ungleichmäßig angezogene Lagerschellenschrauben können dich durch die Bremswirkung beim Fahren in eine Richtung zwingen. Die Schrauben müssen (gleichmäßig!) so fest angezogen werden, dass sie gerade halten und sich das Rad noch gut bewegen lässt. Kontrolliere den Sitz der Schrauben ab und zu. Die Schrauben sollten von oben nach unten durchgesteckt sein, damit die Muttern unten sind, damit du mit dem Hosenbein nicht daran hängen bleiben kannst.

KURBEL (AUCH TRETKURBEL, KURBELARM ODER PEDALARM GENANNT)

Je nach Achse benötigst du auch unterschiedliche Kurbeln. Es wird unterschieden zwischen Keilkurbeln, Vierkantkurbeln und Spline (Vielzahn) in verschiedenen Varianten. Bei allen Varianten musst du darauf achten, dass sich die Kurbeln nicht lockern, sonst nimmt die Achse Schaden und die Reparatur wird teuer.

Keilkurbeln sind weitestgehend vom Markt verschwunden. Vierkantkurbeln sind am weitesten verbreitet. Räder aus Taiwan und Marken wie Thun und Miyata sind hier die Marktführer. Wenn eine Taiwan-Kurbel nicht mehr richtig festsitzt, kannst du noch versuchen, sie durch eine Thun-Kurbel zu ersetzen, da diese etwas strammer sitzt.

Faustregel zur Kurbellänge: Je länger sie ist, desto größer ist der Hebel und desto besser ist sie geeignet für mehr Kontrolle im Gelände und bei Sprungtricks (125 mm bis 140 mm bei 20"). Auch für schnellere Geschwindigkeitswechsel, z. B. beim Einradhockey und bei Rennen (100 mm bei 20" Rädern) sind sie geeignet. Je kürzer sie ist, desto schneller kannst du fahren und desto eleganter sieht das Fahren aus.

Für Anfänger, insbesondere kleine Einradfahrer, empfehlen wir 90 mm Kurbeln (bei 16" und 18"). Damit treten Kinder und Erwachsene viel runder. Das Rad stabilisiert sich durch die schnellere Drehbewegung besser (Gyroskopischer Effekt). Außerdem passt dadurch meist schon ein größeres Rad, etwa 20" schon ab 1,20 m Körpergröße. So ist das Fahren leichter und wenn ihr größer werdet, braucht ihr nur die Sattelstütze zu wechseln.

Bei 24" Rädern für Straße oder Halle eignen sich 125 mm Kurbeln und bei 24" MUnis für Downhill Längen von 140 mm bis 170 mm.

Gemessen wird immer von der Lochmitte, wo die Achse sitzt, bis zur Lochmitte des Pedalgewindes. Wenn du mit der Kurbellänge experimentieren möchtest, benötigst du einen Kurbelabzieher. Dabei kann dir aber auch eine Fahrradwerkstatt helfen. Gib vor dem Zusammenbau jeweils einen Tropfen Öl auf Einradachse und Pedalgewinde. Achte auf rechts und links: Eine rechte Kurbel hat für das Pedal ein Rechtsgewinde, die linke Kurbel ein Linksgewinde. Beim Verändern der Kurbellänge solltest du in kleinen Schritten vorgehen, denn jede kleine Veränderung der Länge bedarf einiger Umgewöhnungszeit.

Es gibt Kurbeln in den Längen:
70, 89, 95, 102, 105, 110, 114, 125, 127, 140, 145, 150, 165, 170 mm.

Allerdings ist nicht für jede Achse jedes Maß erhältlich und einige Längen sind nicht immer vorrätig. Achte bei Wettkämpfen auf vorgeschriebene Maße!

Seit 2003 gibt es auch Vielzahnachsen und -kurbeln verschiedener Hersteller für MUnis. Da die verbindende Oberfläche zwischen Achse und Kurbel damit größer wird, sollen sie auch besser halten. Leider sind die meisten aus weichem Aluminium, was zwar eine geringere Unwucht bedeutet, aber auch mehr Wartung bedarf. Achte auf kompatible Komponenten!

PEDALE

Da das normale Fahrradpedal mit dem Einrad kompatibel ist, ist die Auswahl unheimlich groß. Es beginnt preislich bei 5,- € für das Paar und endet bei 200,- € für Pedale aus Magnesium und Titanachsen mit austauschbaren Pins. Metallpedale oder einrastende Pedale (Klick) oder solche mit Schlaufen sind für Rennwettkämpfe nicht zugelassen.

Metallpedale sind in einigen Hallen verboten. Für den Anfang sind Kunststoffpedale ohne Spitzen und mit einer Gummibeschichtung, wegen der geringeren Verletzungsgefahr, am besten geeignet.

Billige Kunststoffpedale sind bei Feuchtigkeit rutschiger und gehen im Allgemeinen schnell kaputt. Bei Stürzen landet das Einrad vor allem auf den Pedalen.

Alublockpedale sind besonders robust, aber sehr glatt und besonders rutschig, wenn deine Schuhsohlen nass sind. So genannte *Bärentatzen* haben eine große Trittfläche und sind recht rutschfest, allerdings nicht so stabil. Achte immer auf den Unterschied zwischen rechts und links (siehe Kurbel)! Das linke Pedal hat ein Linksgewinde! Wenn du ein neues Pedal anbringen möchtest, gibst du erst einen Tropfen Öl auf das Gewinde, dann drehst du die ersten Umdrehungen mit der Hand ein: rechtes Pedal rechtsherum (also im Uhrzeigersinn), linkes Pedal linksherum. Mit einem 15er Maulschlüssel solltest du die Pedale, so fest du kannst festziehen. Dabei kann nichts kaputtgehen und nur ein stramm angezogenes Pedal lockert sich nicht wieder bei der Fahrt.

SPEICHEN

Hier kann man klar sagen: Einräder mit Kunststoffspeichen und -felgen solltest du vermeiden. Das sieht ganz interessant aus, ist aber weniger stabil als andere Konstruktionen. Wenn du hier einen Achter hast, geht er nicht mehr heraus, weil man die Speichen nicht nachziehen kann. Solche Einräder sind nur für leichte Menschen geeignet. Reparaturen an der Felge sind nicht möglich. Manchmal gibt es preiswerte kleine 16"-Räder mit Kunststoffspeichen, die gut für besonders kleine Kinder geeignet sind. Theoretisch kannst du dir in den großen Zwischenräumen der Speichen die Zehen einklemmen.

Die billigsten Speichen sind Stahlspeichen mit einem Durchmesser von 2 mm. Nirostaspeichen sind hochwertiger; es gibt sie in verschiedenen Stärken (z. B. 2,3 oder 2,6 mm). Es ist nicht immer besser, Speichen so stark wie möglich zu wählen. Ein 20"-Einrad mit 48 extrastarken Speichen wird so starr werden, dass die Speichen noch leichter brechen können, als mit dünneren und damit elastischeren Speichen. Speichen ab 2,6 mm Stärke passen nicht mehr in jede Nabe! Die Löcher in der Nabe können aufgebohrt werden, in der Felge aber nur, wenn diese nicht geöst (oder dergleichen) sind. Gängige

Einräder haben 28, 36 oder 48 Speichen. Einräder mit 24 oder 32 (z. B. bei der Triathlonfelge) oder mehr als 48 Speichen sind Sonderanfertigungen. 28 Speichen reichen für Kinder ohne besondere Trickambitionen völlig aus, 36 Speichen sind der Normalfall. Einräder mit 48 Speichen sind auch in der Produktpalette einiger Hersteller schon enthalten. Wer mehr Speichen haben möchte, muss das selbst bauen, was am einfachsten mit Felgen funktioniert, die ursprünglich für *weniger* Speichen in Felge und Nabe vorgesehen waren. Bei 28 Speichenlöchern kannst du z. B. einfach zwischen die Löcher noch je ein weiteres bohren. Bei ursprünglich 48 vorgesehenen Speichen passen in der Nabe *keine Löcher mehr dazwischen.*

In der Regel sind Speichen gekreuzt. Radial gespeichte Räder haben auch kürzere Speichen, die Belastung ist entsprechend höher. 48 Speichen bei 20″-Rädern werden nicht mehr geflochten, sie berühren sich nicht und damit ist eine zusätzliche Belastung ausgeschlossen.

36 Speichen sind empfehlenswert für Einsteiger. 36 dickere oder 48 normale Speichen sind für schwerere Leute oder für anspruchsvolle Belastungen nötig.

Eine gebrochene Speiche musst du gleich ersetzen, sonst nimmt die Felge Schaden und weitere Speichen brechen.

Links: Einrad mit Kunststoffspeichen

Oben: Bei Kunststoffspeichen besteht die Gefahr, sich die Zehen einzuklemmen.

143

SATTELSTANGE

Der Sattel ist viel wichtiger als die Sattelstange, deshalb entscheidest du dich zuerst für einen bequemen Sattel und erst dann für die dazu passende Stange. Es gibt verschiedene Befestigungsvarianten des Sattels an der Stange, auf die du auch achten musst! Wenn du einen Sattel hast, der mit der Stange durch Nieten oder Schweißen fest verbunden ist, dann hast du Pech und musst bei einer zu kurzen Stange auch einen neuen Sattel kaufen. Sattelstangenlängen gibt es von 20-70 cm in 10 cm-Schritten, manchmal auch Zwischengrößen wie z. B. 35 cm.

Lieber solltest du die Stange etwas zu lang als zu kurz kaufen. Absägen ist immer möglich und mit einer kleinen Bügel- oder Metallsäge problemlos zu bewerkstelligen. Manche Firmen (z. B. Siegmono) bieten längere Stangen auch aus dickerem Wandungsmaterial an. Da sich weit herausragende Stangen beim Hinfallen des Einrades auf Dauer verbiegen, sind diese Stangen eine gute Wahl für große Leute. Sie sind aber teuer.

Für die oft zu kurze Miyata-Sattelstange gibt es auch Verlängerungsstücke.

Die günstigste Sattelstangenlänge kannst du der folgenden Tabelle entnehmen:

Körpergröße	Radgröße in Zoll						
	16"	20"	22"	24"	26"	28"	30"
< 120 cm	<20	/	/	/	/	/	/
120-130 cm	20	ab 125 cm < 20	/	/	/	/	/
130-140 cm	30	20	20	< 20	/	/	/
140-150 cm	30	20	20	20	20	< 20	/
150-160 cm	40	30	30	20	20	20	< 20
160-170 cm	40	30	30	30	20	20	20
170-180 cm	50	40	40	30	30	30	30
180-190 cm	60	50	50	40	30	30	30
190 cm	<70	60	< 60	< 50	40	40	30
Sattelstangenlänge in cm							

Die Tabelle kann natürlich nur für durchschnittliche Beinlängen gelten und für gängige Einräder. Bei Konstruktionen mit besonders kurzem oder langem Sattelstützrohr musst du sie entsprechend abwandeln. Achte bei deiner Sattelstange auf die Markierung, die das maximale Herausragen der Stange kennzeichnet. Sollte keine Markierung vorhanden sein, dann gehe von 8 cm aus, die die Sattelstange im Sattelstützrohr stecken sollte. Wenn du besonders schwer bist, sollte es noch mehr sein.

BMX-Sattelstangen sind durch viele Kanten besonders verwindungssicher, passen aber zu den wenigsten Einradsätteln.

Die Stangen sind aus Stahl oder Aluminium. Der Standarddurchmesser für Einräder beträgt 22 mm. Billige Kaufhauseinräder können auch mal dünner sein. Hier sind Nachkäufe leider nicht immer möglich! Bei MUni- und Trialeinrädern beträgt der Durchmesser 25,4 mm. Die meisten Stangen sind verchromt, manche sind schwarz oder rot. Diamantierte, also geriffelte Stangen verdrehen sich nicht so schnell wie glatte. Du kannst deine Stange auch selbst z. B. mit Schmirgelpapier, Stahlbürste oder einer Handvoll Sand aufrauen. Lasse dich **niemals** dazu verleiten, die Stange einzuölen.

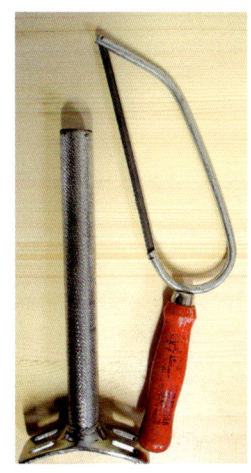

Man sollte nicht davor zurückschrecken, die Sattelstange selbst abzusägen und bei Bedarf wieder nachzukaufen, da der Sattel sonst zu hoch ist und eine Ersatzstange wenig kostet.

PROFIL UND REIFEN (AUCH DECKE ODER MANTEL GENANNT)

Dein einzelner Einradreifen trägt viel Gewicht. Achte deshalb auf genügend Druck. Neuwertige Reifen kannst du bis etwas über die empfohlene Druckbelastbarkeit (PSI- oder BAR-Angabe auf der Reifenseite) aufpumpen. Zum Crossfahren oder bei älteren Reifen bleibst du leicht darunter. Bei zu wenig Druck driftet das Rad, das Balancieren wird schwieriger und Reifen, Schlauch und Felge nehmen leichter Schaden.

Es gibt eine so große Palette an Größen, Profilen und Farben, dass eine erschöpfende Aufzählung nicht möglich ist. Auf Asphalt fährst du einen Reifen natürlich schneller ab als auf einem Hallenboden. Achte auf den genauen Durchmesser und die Breite. Der Reifen soll ja auf die Felge passen.

Am gängigsten ist die Größe: 20" x 1,75 (ein Zoll sind 2,54 cm).

Die Zahlen geben die Größe des Reifens in Zoll an. Zuerst kommt der Außendurchmesser, dahinter steht die Breite. Die Reifenbreite 1,95 Zoll passt auch noch auf die gängigen Felgen. Hierbei musst du aber aufpassen, dass der Reifen noch durch die Gabel passt. Ab der Breite von 2 Zoll kann man den Reifen als Crossreifen bezeichnen und dann passt er nur in besonders breite Gabeln.

Wenn du nur in der Halle fährst, solltest du abklären, ob dort alle oder nur helle Reifen zugelassen sind. Auch wenn manche roten Reifen genauso abfärben wie schwarze, so gelten *alle nichtschwarzen* Reifen als helle Reifen und sind damit in Hallen *erlaubt*. In den meisten Hallen sind nur helle Reifen erlaubt, dabei ist das Abfärben der Reifen mehr vom Hallenboden abhängig, als von den Reifen. Wenn ein Reifen in der einen Halle Streifen hinterlässt, heißt das noch lange nicht, dass das in der nächsten Halle auch so ist. Schwarze Reifen sind hochwertiger und behalten ihr Profil länger. Selbst wenn sie komplett abgefahren, und damit sozusagen Slicks sind, haben sie mehr Haftung auf dem Boden als so mancher helle Reifen mit gutem Profil. Gerüchteweise sollen helle Reifen neuerdings hochwertiger sein, das entspricht aber nicht meinen Erfahrungen. Gerade, weil sie keinen so guten Grip haben, sind farbige Reifen besonders geeignet und unbedingt empfehlenswert für Ultimates, denn sie reiben weniger am Bein.

Experimentiere selbst und finde deinen Lieblingsreifen. Es muss nicht der teuerste sein. Profile kann man grob unterscheiden in glatte *Slicks* für die Halle, *Cross* für Fahrten im Freien sowie *Negativprofil* und *Profil* für den Allroundeinsatz.

Auch andere Farben für Hallenreifen sind erhältlich – zumindest in 20 Zoll.

Hier sieht man einen idealen Hallenreifen mit wenig Profil und weißem Material.

Glatte Hochdruckreifen, wie z. B. der Panaracer, sind sehr gut für Pirouetten geeignet. Auch der Generix und der Maxxis für glatte Böden vertragen mehr Druck als normale Reifen, das feine Profil nutzt sich aber sehr schnell ab. Bei Crossreifen musst du darauf achten, dass sie auch durch die Gabel passen. Da 20" auch eine BMX-Größe ist, gibt es hier eine sehr große Auswahl an Farben und Qualitäten. In 16" und 22" ist die Angebotspalette sehr beschränkt. 24" ist eine Kinderradgröße und bei Rollstühlen häufig im Einsatz. Hier gibt es gute Crossreifen und helle Reifen, auch wenn die Auswahl lange nicht so groß ist wie bei 20".

Räder mit Schrauben, die wie hier durch ein einfaches Stahlrohr von der Gabel gehen, sind ein Fehlkauf, da sie ausbrechen.

GABEL

Die Gabel ist der Rahmen des Einrades. Dazu gehört auch die Lageraufhängung. Für einen Aufpreis bieten einige Hersteller auch Gabeln mit extra langem Sattelstützrohr für große Menschen an. Die meisten Hersteller bieten auch viele unterschiedliche Gabeln an. Es gibt sie verchromt oder farbig lackiert, einfarbig und mehrfarbig, eckig und rund am Übergang zum Sattelstützrohr, aus Rohren oder flachem Stahlblech, mit normalem Sattelstützrohr und extra breitem, mit Halterungen für die Bremse oder ohne, mit angeschweißter oder loser Sattelstangenklemme.

Am wichtigsten ist die Lageraufhängung: Wenn sie aus Aluminium besteht und mit zwei horizontalen Schrauben an der Seite der Gabel befestigt ist (s. Foto oben), wie bei billigen Einrädern verbreitet, dann taugt sie nichts, weil das Metallrohr der Gabel zu

147

weich ist und die Schrauben früher oder später ausbrechen werden. Du solltest solche Angebote erkennen und sie nicht kaufen.

Ein markenübergreifendes Nachkaufen der Gabel kann problematisch sein. Innerhalb einer Marke musst du nur auf Kleinigkeiten achten.

O Verchromte Gabeln sind unempfindlicher gegenüber Kratzern, farbige Gabeln sind individueller (und in der Regel umweltfreundlicher hergestellt).

O Gabeln mit eckigen Übergängen zum Sattelstützrohr sind nicht teurer als solche mit runden Übergängen und du solltest sie immer bevorzugen, wenn du die Wahl hast, da viele Tricks damit einfacher sind. Gabeln mit rundem Übergang zum Sattelstützrohr sind für Menschen mit überdurchschnittlich dicken Waden zu empfehlen. Da gibt es weniger blaue Flecken als bei eckigen Übergängen.

O Achte auf den Lagerabstand.

O Einige MUnis haben auch dickere Lager, also ist ein Austauschen einer normalen Gabel gegen eine MUnigabel nicht so einfach. (MUni-Einrad s. Foto S. 134)

Die eckige, geschweißte Verbindung am Übergang zum Sattelstützrohr hilft beim Abstellen des Fußes, z. B. beim einbeinigen Fahren.

Das Sattelstützrohr an der Gabel sollte innen möglichst sauber gearbeitet sein und keine Grate von Verschweißung oder Verarbeitung aufweisen, damit die Sattelstange weit hinein gesteckt werden kann und nicht innen auf halber Höhe stecken bleibt. Das Sattelstützrohr sollte bei Rädern für Kinder nicht zu hoch sein, da sonst die Sitzhöhe trotz tiefster Sattelstellung nicht niedrig genug eingestellt werden kann.

FELGE

Hier schwanken die Preise am meisten, angefangen bei billigen Stahlfelgen bis zur eloxierten Aluminium-Hohlkammerfelge mit 48 geösten Speichenlöchern. Je mehr du ausgeben kannst, desto hochwertiger wird die Felge sein. Eine Stahlfelge ist unempfindlicher gegenüber Kratzern und reicht für das einfache Fahren und erste Tricks. Sprünge und Abfahrten von größeren Stufen herunter solltest du damit nicht machen. Für Rennen bevorzuge ich sogar Stahlfelgen, weil sie schwerer sind und damit einen ruhigeren Lauf garantieren. Wenn du springen möchtest, sind Alufelgen ratsamer. Achte bei der Lochzahl darauf, dass sie zu deiner Nabe passen.

Felgen aus Aluminium gibt es auch in schönen Farben.

LAUFRAD

Als Laufrad bezeichnet man alles, was direkt zum Rad gehört: Reifen, Felge, Felgenband, Schlauch und Ventil, Speichen mit Speichennippel, Nabe, Achse und Lager (!).

Um Missverständnisse bei Bestellungen zu vermeiden, solltest du alle Bestandteile, die du erwerben möchtest, mit angeben, wenn du ein „Laufrad" bestellst, auch ob du Kurbeln und Pedale benötigst oder nicht.

TIPPS ZUR PFLEGE UND ZUR MONTAGE

Besonders viele Schäden entstehen durch falsch montierte, das heißt vor allem durch verkehrtherum zusammengebaute Einräder. Leider ist es keineswegs sicher, dass ein fertig montiertes Einrad vom „Fachhandel" immer richtig zusammengebaut wurde. Eine **Kontrolle** beim Kauf und während des Gebrauchs ist hier immer sinnvoll!

WICHTIG

Ob ein Einrad richtig oder falsch zusammengebaut ist, erkennst du ausschließlich daran, ob sich das linke **Pedal** auf der linken **Seite** und das rechte Pedal auf der rechten Seite befindet. Sollten sie verkehrtherum montiert sein, so ist es wahrscheinlich, dass früher oder später die Pedale durch die Tretbewegung aus den Pedalarmen **herausgeschraubt** werden. Im schlimmsten Fall fällt ein Pedal dann während der Fahrt ab! Schaden kann das Einrad auch vorher bereits nehmen, indem das Gewinde ausleiert und ausbricht, lange bevor das Pedal abfällt.

Im Folgenden wird kurz beschrieben, wie ein Einrad richtig montiert wird:

Zuerst kontrollierst du, welches der linke und der rechte **Pedalarm** ist und ob jeweils das richtige Pedal drinsteckt. Mit Gewalt und unter Zerstörung des Gewindes lässt sich nämlich jedes Pedal ein gutes Stück weit auch in das falsche Gewinde hineinzwängen.

Auf dem Pedalarm steht innen ein **„R" oder „L"**, das natürlich für „rechts" oder „links" steht. Auch auf dem Pedal selbst, meist an der Stirnseite des Gewindes, befindet sich ein entsprechender Buchstabe.

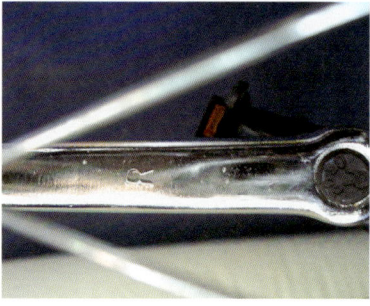

Die Markierung „R" oder „L" befindet sich am Pedalarm und am Pedal.

Als Erstes montierst du, wenn vorab noch nicht geschehen, die Pedalarme an die Achse, dann die richtigen Pedale an die dazugehörigen Arme. Es spielt **keine Rolle**, auf welcher Seite der Achse du welchen Pedalarm montierst, **sehr wohl** aber sollte das Rad mit den Pedalen dann richtigherum an die **Gabel** montiert werden. Die Gabel hat üblicherweise **hinten** am Sattelrohr einen 3-5 cm langen **Schlitz**, der dazu dient, dass die Sattelklemme die Sattelstange gut einklemmen kann. Wenn du jetzt den Sattel montierst, sollte **das breitere Ende des Sattels hinten sein**, dort, wo der Schlitz ist.

Das breite Ende des Sattels ist hinten, dort, wo das Sattelrohr geschlitzt ist. Auch der Schnellspannerschlitz ist hinten!

Dadurch, dass der Sattel eindeutig ein Hinter- und ein Vorderteil hat, ist auch festgelegt, auf welcher Seite sich das linke und das rechte Pedal jeweils befinden muss. Der rechte Pedalarm ist mit einem normalen Gewinde ausgestattet, während der linke ein Linksgewinde besitzt. Beim normalen **Vorwärtsfahren** werden so die Pedale durch das Vorwärtstreten immer fester **angeschraubt.** Wenn du aber den Sattel im Verhältnis zu den Pedalen **verkehrtherum** montierst, oder, was häufiger vorkommt, nach dem **Verstellen der Sattelhöhe** verkehrtherum wieder festschraubst, dann werden die Pedale durch das normale Treten leichter als du denkst **abgeschraubt,** selbst wenn sie einigermaßen fest angezogen waren, da alle Schrauben am Einrad durch die häufigen Stürze stets **gelockert** werden können!

Du solltest deshalb besonders vorsichtig beim Verstellen der Sattelhöhe vorgehen und den festen Sitz aller Schrauben **regelmäßig überprüfen.** Dies geschieht am besten über das **Gehör.** Ein Einrad ist im optimalen Zustand sehr kompakt. Bei einem Sturz oder wenn du es mit dem Reifen vom Boden abprallen lässt, dürfen bis auf einige wenige Ausnahmen keinerlei Klappergeräusche zu hören sein. Ein Klappergeräusch ist ein **untrügliches Zeichen** dafür, dass mindestens eine Schraube locker ist. Verzichte deshalb auf alle Schmuckstücke oder Anhängsel am Rad, die nicht fest sitzen und das Klappergeräusch übertönen können. Bei gelockerten Schrauben, die nicht festgezogen werden, kann das Gewinde zerstört werden, da die große Kräfte darauf wirken und immer mehr Spielraum im Gewinde entsteht. Man sollte sie deshalb sofort wieder festziehen, wobei die Pedale besonders fest angezogen werden sollten. Ein entsprechendes Werkzeug lohnt sich schnell, wenn zum Beispiel in Schulen oder Vereinen mehrere Einräder im Einsatz sind.

Aus oben genannten Gründen sollte deshalb auch ein **unbefugtes** Verstellen der Sattelhöhe oder auch nur ein „Geradedrehen des Sattels", vermieden werden, besonders dann, wenn ständig wechselnde Fahrer auf den Einrädern sitzen. Das lässt sich gut durch den Einsatz von Sattelklemmen mit **Inbus®-Schrauben** bewerkstelligen.

EINE SCHNELLE VARIANTE ZUM GERADEDREHEN VERDREHTER SÄTTEL:

Am besten solltest du zuerst den Sattel wieder ausrichten, **ohne** zuvor die Sattelklemme zu lösen. So kannst du feststellen, wie locker der Sattel ist. Manchmal ist die Klemme sehr fest angezogen und der Sattel dennoch beweglich, weil die Klemme nicht richtig sitzt oder defekt ist. Danach kannst du die Klemme gezielt anziehen. Normalerweise ist der Sattel stabil genug, um die Kraft zur Verdrehung der Stange zu übertragen. Es gibt eine Technik, um das Geradedrehen des Sattels kräfteschonend auszuführen. Stelle dich dazu mit einem Bein über das Rad und greife den Sattel mit beiden Händen, je vorne und hinten. Blockiere mit den Beinen das Rad, während du den Sattel verdrehst, indem du aus der Hüfte herausdrehst.

Durch das Verdrehen des Sattels, ohne die Schraube etwas zu lösen kann die Sattel- stange allerdings verkratzen und sich auf Dauer noch leichter verdrehen, wenn man nicht vorsichtig ist.

TIPP

ZUR AUFBEWAHRUNG EINER GRÖSSEREN ANZAHL EINRÄDER, Z. B. IN GRUPPEN
Man kann Einräder mit Fleischerhaken an der Felge gut an der Decke in einer Rei- he aufhängen. Mit einer langen Kette und einem Schloss lassen sich alle auffädeln und so vor unsachgemäßem Gebrauch schützen, wenn noch andere Gruppen den Raum mitbenutzen.

Die Kraft kommt aus der Hüfte. Hände und Beine halten den Sattel nur fest.

152

Dort, wo der Pedalarm an der Achse befestigt ist, befindet sich ein weiteres Gewinde, an dem eine Mutter oder Schraube locker werden kann. Wenn dieses Gewinde kaputt-geht, dann hat das Einrad einen Totalschaden, da sich dieses Gewinde direkt auf der Achse befindet und nur teuer und aufwendig ausgetauscht werden kann.

ZUR SCHONENDEN BEHANDLUNG DES EINRADS

Beim Üben werden durch die Stütze besonders die Pedale und der Sattel in Mitlei-denschaft gezogen. Wenn du es schonen willst, dann fange es am Sattel ab, bevor es aufschlägt, indem du beim Absteigen nach hinten an den Sattel greifst. Küm-mere dich aber in jedem Fall zuerst um dich selbst. Das heißt, dass du zunächst verhinderst, dass du selbst etwas passiert. Wenn du dann noch genügend Aufmerk-samkeit aufbringen kannst, dann kümmerst du dich noch um das Einrad. Oftmals sind Anfänger sehr vorsichtig und besorgt um ihr Einrad und behindern durch ihre ständigen Versuche, das Einrad vor Schaden zu bewahren, ihren Lernfortschritt. Das Rad hält viele Stürze aus und kann einiges einstecken!

TIPP

B) GIRAFFE

Die gängigsten Radgrößen sind hier 20" und 24". Wenn du ein größeres Rad einbauen möchtest, musst du ausprobieren, ob es in die Gabel passt. Eine Giraffe wirkt mit einem 20"-Rad optisch höher, mit 24" bist du unempfindlicher gegenüber Unebenheiten. Eine Giraffe ist nicht schwerer zu fahren als ein Einrad, es fährt nur "mehr Angst mit". Es gibt Giraffen mit einem Zwillingsrohr als „Rahmen" und solche mit nur einem Rohr, es gibt sie in verschiedenen Höhen und auch mit verschiedenen Distanzstücken erweiterbar (z. B. die *Flex* von Pichler), über dem Tretlager klappbar, oder teilbar (*Travel* von Pichler), sehr günstige Modelle aus Südostasien und hochwertig verarbeitete Modelle aus Eu-ropa. Wenn du eine Giraffe nur fahren möchtest, weil du sie als persönliche Herausfor-derung siehst, reicht ein günstiges Modell. Wenn du damit Shows bestreiten möchtest, solltest du unbedingt mehr investieren. In der Regel haben sie eine Kette, du kannst sie aber auch mit zwei Ketten oder mit Keilriemen kaufen.

Die Kette sollte nicht zu häufig gefettet werden, da du sie doch ab und zu berühren wirst. Es gibt auch Geräte mit Kraftübertragungen über mehrere Tretlager und Laufrad (*Twice, Trice, Vielwheel*). Viele Sonderanfertigungen sind möglich. Du kannst dir bei einem Kettenantrieb auch eine Übersetzung einbauen. Übertreibe es nur nicht, denn bei einem Laufrad (*Twice, Trice, Vielwheel*). Viele Sonderanfertigungen sind möglich. Du kannst dir

Diese lockere Kette überträgt die Tretbewegung zu ungenau.

Die linke große Mutter ist zum Fixieren, die rechte, dünnere Schraube zum Spannen der Kette.

das ist schwerer zu fahren, als du denkst. Ich habe zu einer Giraffe umgebaute Schiffsmasten gesehen und Giraffen von über 30 m Höhe. Immer musst du darauf achten, dass deine Schnürsenkel ordentlich weggepackt sind, damit sie sich nicht um ein Pedal wickeln oder von der Kette erfasst werden. Das ist lebensgefährlich! Schwere Verletzungen können auch auftreten, wenn du mit den Fingern zwischen Kette und Kettenblatt gerätst.

Die richtige Kettenspannung verhindert, dass Tretbewegungen verzögert auf das Rad übertragen werden. Besonders zu schwach gespannte Ketten solltest du sofort nachspannen. Die Kette darf nicht schlabbern, wenn du die Giraffe schiebst, aber auch nicht so fest gespannt sein, dass sie reißt oder den Lauf bremst. Die Spannung der Kette stellst du mit der Spannschraube am untersten Ende der Gabel ein. Zuvor musst du die große Fixierschraube lösen und danach wieder anziehen. Achte dabei darauf, dass nach dem Spannen das Rad nicht schief in der Gabel sitzt.

KLEIDUNG

Um das Einradfahren zu lernen, ist eine besondere Schutzkleidung nicht nötig. Dennoch erleichtern einige Kleinigkeiten das Leben:

Feste Schuhe mit rutschfester Sohle und ohne hohe Absätze sind geeignet. Manche Kunstradfahrer sind Gymnastikschuhe gewöhnt, weil sie damit mehr Gefühl haben. Hier ist der Schutz vor Verletzungen aber geringer. Schuhe, die über die Knöchel reichen, wie etwa Tennisschuhe, schützen die Knöchel, haben aber normalerweise zu glatte Sohlen. Optimal wären Schuhe, die über die Knöchel reichen, mit kleinen Gummistollen und einer hellen Sohle für die Halle. Solche Schuhe gibt es aber nicht. Barfuß das Fahren zu lernen ist unvernünftig. Wenn du willst, dann trägst du einen zusätzlichen Knöchelschutz, z. B. aus dem Fußballsport.

WICHTIG

> Die Schnürsenkel müssen kurz sein, damit sie sich nicht um die Pedale wickeln oder an den Kurbeln hängen bleiben.

Die Hosenbeine dürfen nicht so weit sein, dass du an den Kurbeln (auf Achshöhe) hängen bleibst.

Am besten sind Radlerhosen mit Einsatz. Das schont das Sitzfleisch und bei Männern können die Geschlechtsteile etwas nach vorne gehalten werden, damit der Sattel nicht so drückt.

Fahrradhandschuhe und Knieschützer sind empfehlenswert, aber nicht notwendig. Sie behindern auch gelegentlich, sodass sie auch Nachteile haben. Manche vorsichtige Hockeyspieler tragen auch Helm und Gebissschutz.

Für Fortgeschrittene im Trial und Cross sind Knieschoner, Handschuhe und Helm Pflicht. Da reichen Knieschoner vom Volleyballsport nicht mehr aus, da sie zu leicht verrutschen. (Ich trage auch beim Hockey Plastikknieschützer vom Skatersport.) Vernünftige Fahrer tragen dabei auch Schienbeinschoner, Ellbogen- und Handgelenkschutz. Achte auf möglichst gute Durchlüftung der Schützer. Gut durchlüftete Schoner gibt es zu erstaunlich günstigen Preisen. Achte auch darauf, dass der Schutz rundum gewährleistet ist. Auch die Waden sollten z. B. einen festen Schutz haben. Bei Rennen und ähnlichen Wettkämpfen sind Knieschoner und Handschuhe vorgeschrieben.

Lange Kleider, Röcke oder Mäntel können mit dem Reifen in die Gabel gezogen werden. Hier ist also besondere Vorsicht geboten.

C)   ULTIMATE

Mit Abstand am besten ist die 24-Zoll-Radgröße. Die Pedale sollten seitlich nicht zu weit vom Rad abstehen, da das Rad sonst bei der Fahrt unrund läuft und zu sehr eiert. Deshalb ist es auch besser, ein Ultimate zu kaufen, als von einem Einrad die Gabel abzuschrauben.

Je weiter die Pedale auseinander stehen – und sich damit weiter außen am Rand befinden – desto leichter fällt das Treten zuerst, aber die Balance wird dafür deutlich erschwert. Daher empfiehlt sich beim 24-Zoll-Rad ein relativ geringer Pedalabstand von 24-25 cm.

Der Ultimatereifen sollte vor allem an der Seite möglichst wenig oder gar kein Profil haben. Am besten eignet sich ein alter, abgefahrener Reifen eines 24-Zoll-Einrades. Wenn er dann noch einen Winter lang draußen im Freien gelegen hat, ist das Gummi etwas spröder und hat seine Haftung zu einem guten Teil verloren. Auch neue Rollstuhlreifen (erhältlich beim orthopädischen Fachhandel) sind gut geeignet, da sie nur ein leichtes Längsprofil haben und zudem hellgrau sind, sodass du damit auch auf guten Hallenböden fahren kannst, ohne schwarze Streifen zu hinterlassen.

Hohe Schaftstiefel oder so genannte **Chaps** vom Reitsportbedarf, die wie Gamaschen aus Leder den Unterschenkel bis übers Knie schützen, sind eine echte Hilfe. Gut eingefettet, rutschen sie toll am Reifen entlang und vermitteln so ein ganz leichtes Fahrgefühl. Allerdings bremsen sie umso mehr, wenn das Fett eingezogen ist, und das ist meist schon nach wenigen Minuten der Fall.

Alternativ kannst du auch Neoprenschläuche verwenden, die als leichter Knieschutz im Sporthandel erhältlich sind. Ziehe sie **über** die Hose an.

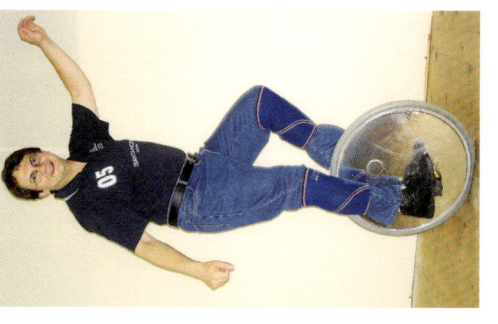

Gute Knieschützer helfen enorm auf dem Ultimate.

Schließlich kannst du versuchen, den Reifen an der Seite mit *Silikonspray* zu behandeln, zu lackieren oder abzukleben, z. B. mit Gaffa Tape, um die seitliche Reibung zu verringern. Oft sind derartige Lösungen aber nicht von Dauer. Lerne deshalb auch, das Gerät in seinem Normalzustand ohne technische Materialschlachten vollständig zu beherrschen und setze die Hilfen nur für Auftritte oder einzelne Lernphasen ein.

2   SCHULEN

Einradfahren, Zirkuskünste und Bewegungskünste kann man nicht nur aus Büchern lernen. In Deutschland gibt es inzwischen einige Möglichkeiten, um das Einradfahren bei erfahrenen Lehrern zu lernen. Besonders die weniger alltäglichen, tollen Kunststücke kannst du dort am besten lernen, weil hier die Schwierigkeiten bekannt sind und du mit anderen zusammen das Gleiche lernen kannst. Diese Freude des gemeinsamen Lernens solltest du auch einmal kennen lernen.

Wir, also die Autoren dieses Buches, die die ganze Zeit zu dir sprechen, unterrichten selbst viele Kurse im Einradfahren. Wenn du willst, kannst du uns besuchen und bei uns und zusammen mit vielen anderen Einradfahrern weiterlernen. Kontakt zu uns bekommst du hier:

Zirkusschule Windspiel

Andreas Anders-Wilkens & Gudrun Jäger

Schwalbenbachstraße 4

91805 Polsingen

Tel. und Fax: 09093-901032 oder 0176-23527232

Homepage und E-Mail:

www.zirkusschule-windspiel.de

Die **Zirkusschule Windspiel** bietet neben Kursen im Einradfahren auch Stelzen, Jonglage, Keulen- oder Poischwingen, Seiltanz, Trapez und Akrobatik an. Besonders in den Schulferien bieten wir unsere Zirkuswochen an. Auf Anfrage kommen wir auch an eure Schule oder zu eurer Gruppe.

ZAK Zirkus- und Artistikzentrum Köln

An der Schanz 6

50735 Köln

Tel.: 0221-7021678

www.zak-koeln.com

Internationale Sommerakademie für Theater Graz

Postfach 196

A-8011 Graz

Telefon: +43 (0) 699 - 128 043 26

www.theatersommerschule-graz.org

Weitere Hinweise zu Kursen und Schulen geben oft auch die Händler (s. S. 166 ff.) und die europäische Jonglierzeitschrift „Kaskade" (s. u.). Dort findest du auch Anzeigen von internationalen Zirkusschulen und aktuelle Kontaktinformationen zu regelmäßigen **freien** Treffen.

3 OFFENE TREFFEN UND VEREINE

Es gibt Treffen an Wochenenden, die jeweils einzeln organisiert werden und zu denen du, meist nach Voranmeldung, einfach hinfahren kannst. Hier treffen sich Einradfahrer aus ganz Deutschland. Je nach Veranstaltung geht es mehr um gemütliche Treffen, gemeinsames Lernen oder Wettkämpfe. Daneben gibt es die regelmäßigen Treffen vor Ort, die meistens wöchentlich stattfinden und von Vereinen oder anderen Ortsgruppen ausgehen.

Die folgende Liste erhebt in keiner Weise Anspruch auf Vollständigkeit. Oft kann man dir auch bei der Suche nach Treffen in deiner unmittelbaren Nähe behilflich sein, wenn du jemanden anrufst, der sich zumindest in deinem Großraum befindet. Die Adressen sind nach Postleitzahlen geordnet.

TREFFEN AN WOCHENENDEN

Da Einradfahrer viel Platz benötigen, oder Programmpunkte, wie z. B. Rennen, gut organisiert sein müssen, sollte man sich zu den meisten Einradveranstaltungen frühzeitig anmelden. Die meisten Termine kann man erfahren auf: einrad-bdr.de/?page=termine oder dem Veranstaltungskalender auf www.inbaz.de entnehmen.

EINRADHOCKEYLIGATURNIER

In der Liga spielen über 50 Teams mit, die über eine Saison lang um Tabellenplätze kämpfen. Eine Anmeldung zur Liga ist nicht uninteressant, da man mit Infos versorgt wird. Aber auch, wenn man nicht in der Liga spielt, kann man sich mit einem Team über www.einradhockeyliga.de zu einem Turnier anmelden. Auch Einzelspieler werden manchmal gesucht. Man kann einfach die teilnehmenden Mannschaften eines Turniers kontaktieren und nachfragen (Kontaktadressen und Termine sind auch auf der Homepage). Beinahe an jedem Wochenende finden Turniere statt (nur mit Voranmeldung).

INTERNATIONALES EINRADHOCKEYTURNIER

Hier sollen Einradhockeyspieler zusammenspielen, die das sonst nicht tun. Man muss seine eigene Spielstärke bei der Anmeldung einschätzen, dann werden die Teams in etwa gleich stark aufgeteilt. Also lernt man das Zusammenspielen erst auf dem Spielfeld. Der Schwerpunkt liegt auf dem Kennenlernen. Das Turnier geht über zwei Tage. Übernachtet wird mit Isomatte und Schlafsack. Es gibt ein gemeinsames Frühstück und Abendessen. Das Treffen fand bisher immer nach der Einradhockeyligasaison in Darmstadt statt (nur mit Voranmeldung).

EINRADTAGE (Z.B. BERLINER EINRADTAGE, DRESDNER EINRADTAGE)

Eigentlich eine Einradconvention, aber weniger anarchistisch, mit strengerem Programm und kleineren Wettkämpfen (nur mit Voranmeldung).

DEUTSCHLAND-CUP

Dies ist eine wettkampforientierte deutsche Meisterschaft in Standard, Einzel- und Paarküren, Rennen über 100 m, 400 m, Einbeinrennen, Wheelwalk, Obstacle, langsam vorwärts, langsam rückwärts, Hoch- und Weitsprung an einem Wochenende. Männlein und Weiblein werden getrennt gewertet und unterteilt in Altersklassen. Rekordzeiten kann man auf www.einradfahren.de nachschauen (nur mit Voranmeldung).

EINRADCONVENTION

Dies ist ein freies Treffen für Einradfahrer ohne ernste Wettkämpfe. Das gemeinsame Ausprobieren, Spielen, Lernen und Spaßhaben steht im Vordergrund. Schwerpunkte sind hier auch die Workshops. Es dürfte die Art von Treffen sein, auf denen man am meisten lernen kann. Eine kleine Show von Teilnehmern für Teilnehmer wird improvisiert. Es gibt eine einfache Essensversorgung oder ein Pizzadienst wird organisiert. Geschlafen wird mit Isomatte und Schlafsack in Gemeinschaftsunterkünften, wie einer Halle oder Klassenräumen. Eine Teilnehmerbegrenzung ist von den Organisatoren und den Räumlichkeiten abhängig. Eine Mindestanforderung für die Teilnahme gibt es nicht, außer der, mit anzupacken, wenn es etwas zu tun gibt. Die Teilnahmegebühr ist in der Regel sehr günstig, da die Organisatoren aus der Szene kommen, Spaß daran haben und nicht gewinnorientiert arbeiten.

159

GMTW

German Mountain- und Trialwochenende. Hier wird ein Wochenende lang gehüpft, gesprungen, gefallen und Cross gefahren. 2003 fand es zum ersten Mal über Ostern in Fürth statt. Seitdem ist es eine jährlich stattfindende Veranstaltung am gleichen Termin an verschiedenen Orten. Es gibt eine Rundumversorgung und geschlafen wird mit Isomatte und Schlafsack in Hallen oder Zelten (nur mit Voranmeldung).

EUROCYCLE

1991 und 1992 fanden in Bremen Einradconventions statt. Die haben viel Spaß gemacht und Langenfeld folgte 1993 als Gastgeberort mit Gästen aus dem europäischen Ausland. Hier wurde die Idee geboren, die Convention zu einem jährlichen internationalen Treffen zu machen. Der Name *Eurocycle* wurde geboren und diese Convention fand seitdem in vielen verschiedenen Ländern statt (www.eurocycle.org). Anfangs auf die Schwerpunkte Hockey, Basketball und eine Show ausgerichtet, wurde es erweitert um diverse Rennen, Spaßspiele, Trial, Cross- und Orientierungsfahrten. Das Programm ist aber jeweils von den Veranstaltern und dem Platz abhängig. Geschlafen wird auf Isomatte und Schlafsack in Hallen. Eine grundlegende Essensversorgung ist organisiert. Mindestanforderungen für die Teilnehmer gibt es nicht, allerdings sollte man sich rechtzeitig anmelden, da es, je nach Hallenkapazitäten, Teilnehmerbegrenzungen gibt. Diese Treffen, die über ein Wochenende stattfinden, sollen durch gemeinsame Spiele und gemütliches Kennenlernen eine Alternative zu den streng organisierten, wettkampforientierten UNICONs darstellen (nur mit Voranmeldung).

UNICON

UNICON ist eine Wortschöpfung aus Unicycle (= Einrad) und Convention (= Treffen). Es ist die über eine Woche lang andauernde Einradweltmeisterschaft und findet seit 1984 alle zwei Jahre statt. Man ist bemüht, es in immer neuen Ländern auszurichten. Die Organisation übernimmt eine ortsansässige Einradgruppe mit Unterstützung der IUF (International Unicycle Federation). Zu den Treffen kommen Einradfahrer aus der ganzen Welt, um sich zu messen. Früher stand das gegenseitige Kennenlernen und der Gemeinschaftssinn im Mittelpunkt. Heute ist es doch eher wettkampforientiert und man fährt gegeneinander. Es gibt z. B. folgende Wettkämpfe: Standard, Einzel-, Paar- und Gruppenküren, ein Hockey- und ein Basketballturnier, Rennen über 100 m, 400 m, 800 m, 10 km, Einbeinrennen, Wheelwalk, Gliding, Coasting, Obstacle, langsam vorwärts, langsam rückwärts, Hoch- und Weitsprung, Crossrennen. Männlein und Weiblein werden getrennt gewertet und unterteilt in Altersklassen. Rekordzeiten kann man auf www.einradfahren.de nachschauen. In den meisten Ländern ist eine Vorausscheidung nicht nötig. Für teilnehmerstarke Länder gibt es eine Teilnehmerbegrenzung. Die nächste UNICON findet vom 27.7. bis 7.8.2016 in San Sebastian (Baskenland) statt.

Zirkusschule Windspiel

www.zirkusschule-windspiel.de

Münchner Einradkurse

Einradkurse in und weit um München, u. a.
in Landsberg, Neuried, Ottobrunn, Landshut
Thomas Furtner
www.einradkurs.de

Einradtreff von Jonglieren in München e.V.

Tim Adams
www.jimev.de

Pädagogische Aktion e.V.

Spielen in der Stadt München
www.spielen-in-der-stadt.de

TRAU DICH Internationaler Kinder-Zauber-Zirkus

München
www.zirkus-trau-dich.com

Jugendbildungsstätte Königsdorf

www.jugendsiedlung-hochland.de

Juxirkus

Berlin
www.juxirkus.de

Circulum

Berlin
www.circulum.de

Eckernförder Circus Kids

Berlin
www.circus-kids.de

Der kleine Zirkusladen – Kurse
Berlin-Charlottenburg
www.zirkusladen.de

Einradkids Hamburg
www.sibclub.de/einradkids-Hamburg

TSV 05 Neumünster – Einrad-Köste
Neumünster
www.einrad-koeste.neumuenster.de

Niendorfer TSV
Hamburg
www.ntsv.de

VANNY Verein zur Förderung der Kleinkunst in Düsseldorf e.V.
www.vanny-duesseldorf.de

HAT Hildener Allgemeine Turnerschaft von 1864 e.V.
Hilden
www.hildener-at.de

Ein-Rad-Club Dorsten e.V.
www.einradclub.de

DJK Adler 07 e.V. Bottrop
www.adler07.de

MSV Duisburg Zirkus Zebra
www.zirkuszebra.de

Einradgemeinschaft Münsterland e.V.
www.einradgemeinschaft.de

BSV Ballsportverein Ostbevern 1923 e.V.
www.bsv-ostbevern.de

TPZ Theaterpädagogisches Zentrum
Lingen
www.tpz-lingen.de

ZAK Zirkus- und Artistikzentrum Köln
www.zak-koeln.com

TUS Niederense 1911 e.V. – Die Filous
www.tus-niederense.de

TSV Dudenhofen 1889 e.V. – Smiling Faces
www.smiling-faces-dudenhofen.de

Zirkusschule Kokolores, Verein für Spiel und Kultur
Saarbrücken
www.vereinfuerspielundtheater.de/koko/

TSV Zuffenhausen
Stuttgart
www.tsv-zuffenhausen.de

TSV Pförring
www.coolgirls-pförring.de

4 LITERATUR

A) FACHBÜCHER ZUM THEMA EINRADFAHREN

- Anders-Wilkens, A. & Mager, R. (Hrsg.) (2010), *Einradfahren - Moves und Tricks für Fortgeschrittene*. Aachen: Meyer & Meyer.
- Dancey, C. (1998). *How to ride your unicycle*. London.
- Dinklage, B. (1990). *Die Kunst des Einradfahrens*. (5. Aufl.). Moers: Edition Aragon.
- Höher, S. (1991). *Einradfahren*. (6. Aufl.). Reinbek bei Hamburg: Rowohlt Taschenbuch Verlag.
- Mohr, F. (2000). *Entwicklung eines Konzeptes für den Anfängerunterricht im Einradfahren*. (Zulassungsarbeit Lehramt Sport, Oberstufe, Hamburg, 2000)
- Treiber, J. (1994). *Artistisches mit Einrad, Ball und Seil*. München: BLV Verlagsgesellschaft.
- Wiley, J. (1984). *The complete book of unicycling*. (6. Aufl.). Lodi, California: Solipaz Publishing Company.

B) FACHBÜCHER ZU ZIRKUS- UND BEWEGUNGSKÜNSTEN MIT EINZELNEN KAPITELN ZUM EINRADFAHREN

- Ballreich, R. (Hrsg.) (1992). *Zirkus Spielen. Ein Handbuch*. Stuttgart: Hirzel.
- Burgess, H. (1989). *Circus techniques. Juggling. Equilibristics. Vaulting*. USA: Brian Dube, Inc.
- Butte, A. (1996). *Bewegungskünste und Zirkus in Schule und Verein*. Celle: Pohl-Verlag.
- Gaal, J. (1994). *Bewegungskünste. Zirkuskünste*. Schorndorf: Karl Hofmann.
- Ganslmeier, K. (2003). *Bewegungskonzepte – Bewegungskünste*. Schorndorf: Karl Hofmann.
- Hoyer, K. (Hrsg.) (1993). *AOL Zirkus*. (9. Aufl.). Lichtenau: AOL-Verlag.
- Müller, E. (1995). *Manegenzauber*. (3. Aufl.). München: Don-Bosco-Verlag.
- Oberschachtsiek, B. (2003). *Jonglieren und mehr*. Aachen: Meyer und Meyer.
- Warth, J. (1993). *Manege frei!* (2. Aufl.). München: Zebold.
- Wondrak, J. (1996). *Pulcinellas Circus & Variete*. München: Heinrich Hugendubel.

C) VIDEOS

- Heaton, D. (2000). *Extreme Unicycling*. USA: SYKO Productions.
- Stillger, K. (1993 & 1994). *Einrad fahren 1 & 2*. Augsburg: Universität Augsburg.

D) AUSGEWÄHLTE INTERNETADRESSEN

www.einradfahren.de
Das deutsche Einradforum und die Rekordliste.

www.einradfreak.at
Vielfältige Infos rund um das Thema, Geschichtliches, Lexikon und viele Fotos von Einradveranstaltungen.

www.einradsport.ch

www.einart.de
Seite von Arne mit Bildern ungewöhnlichen Einrädern.

www.unicycling.com/things
Hier werden auf lustige Art und Weise Dinge gezeigt, die man mit dem Einrad besser nicht tun sollte. Seite von John Foss auf Englisch mit netten Bildchen.

www.unicyclist.com/forums
Das meistgenutzte deutsche Einradforum

www.unicycling.org

www.einradhockeyarchiv.de
Einradhockeyseite mit Regeln, Geschichtliches, Fotos und Verzeichnis fast aller Einradhockeyteams.

www.einradhockeyliga.de
Umfassendes Regelwerk und aktuelle Infos zu Sport und Teams.

www.radlos-ffm.de
Homepage der Frankfurter Einradhockeymannschaften.

www.unicycling.de/german/unicycle/alps.html
Hier findet man einen Bericht über eine Alpenüberquerung mit dem Einrad, bei der auch einer der Autoren dabei war.

www.inbaz.org/calendar
Sehr guter Veranstaltungskalender für Jonglier-, Akrobatik- und Einradtermine.

www.rad-net.de
Homepage des Radsport Dachverbandes BDR – Bund Deutscher Radfahrer

www.einradtag.de.vu

Dresdner Einradlöwen und Dresdner Einradtage

www.einradverband-bayern.de

Innovativer, leistungsstarker und zugänglicher Sportverband; umfangreicher Terminkalender.

Der Einradverband Bayern (EVB) betrachtet die Regeln der IUF (International Unicycling Federation) als verbindliche Basis und beteiligt sich aktiv an der kontinuierlichen Fortschreibung.

Angebot von öffentlichen Aktivitäten rund ums Einrad:

1. ELA-Einrad Leistungsabzeichen mit Prüfungen
2. IUF Skill Level Prüfungen
3. Einrad Mehrkampf insbesondere auch für Schulen

www.einradkurs.de

Viele tolle Kurse für Anfänger und Fortgeschrittene im Großraum München

www.gunf.org

Topaktuelles Forum über die Zukunft des Einradsports in Deutschland; Homepage der German Unicycle Federation

www.einrad.tv

Clips und Videos in bester Qualität - Download und Verkauf

www.einradshows.de

Viele spektakuläre Videos und mehr

5 HÄNDLER

PAPPNASE & CO

Versand und Zentrale:
Von-Essen-Straße 76
22081 Hamburg
Telefon:040-298104-10
Onlineshop: www.pappnase.de

Filiale Hamburg:
Grindelallee 92
20146 Hamburg
Telefon: 040-449739

Filiale Frankfurt:
Leipziger Straße 6
60487 Frankfurt/M.
Telefon: 069-709493

Filiale München:
Kreuzstraße 21
80331 München
Telefon: 089-4481771

Filiale Stuttgart:
Olgastraße 47
70182 Stuttgart
Telefon: 0711-2364484

Hier bekommst du jeweils hochwertige Einräder und Giraffen und eine große Auswahl an Artistikgeräten, Ersatzteilen und irrwitzigen Sonderanfertigungen. Die Mitarbeiter sind kompetent und stets auf dem neuesten Stand. Kleinere Reparaturen und guter Service sind es wert, bisweilen ein Einrad nicht zum Dumpingpreis im Discount zu kaufen, sondern bei Pappnase & Co. Beide Autoren sind dort langjährige Mitarbeiter gewesen.

SIEGMONO-CYCLE

Schrebeweg 4
24119 Kronshagen
Telefon: 0431-541441
Kein anderer Laden hat eine so große Farbpalette an Gabeln, Reifen und Sätteln.

DER KLEINE ZIRKUSLADEN

Schillerstraße 70
10627 Berlin-Charlottenburg
Telefon: 0177 - 31 31 380
www.zirkusladen.de

BALANCE

Kortumstraße 5
44787 Bochum
Telefon: 0234-120-51/-52

AJATA

Königsberger Str. 26
45881 Gelsenkirchen
Tel.: 0209 - 15 55 99 77
www.einradversand.de

BALLABALLA

Zülpicher Straße 39
50674 Köln
Telefon: 0221-9231245
www.ballaballa.de

AKROBAT

Frank Kaiser
Werdohler Str. 40
58511 Lüdenscheid
Telefon: 02351-390282
www.Akrobat.net

PICHLERRAD

Landgrafenstraße 55
66996 Ludwigswinkel
Telefon: 06393-993057
www.pichlerrad.de
Seine eigenen Markenräder stellt Pichler in höchster handwerklicher Wertarbeit her. Wer ernsthaft Einrad fahren will, sollte sich ein Rad von Pichler zulegen. Seine Hochräder und Spezialkonstruktionen sind unerreicht. Seine Produkte sind auch über Pappnase & Co erhältlich.

KASKADEROS FREIZEITSPORT & SPIEL

Milchberg 17
86150 Augsburg
Telefon: 0821-79637300
www.kaskaderos.com

KS VIDEOPRODUKTIONEN

(Einrad- und Bewegungskünstevideos)
Wertinger Str. 15
86405 Meitingen
Tel.: 08271-429355
www.klaus-stillger.de

MUNICYCLE.COM

Petra & Roland Wende
Gerhart-Hauptmann-Str. 64
90763 Fürth
Telefon: 0911-9745484
http://municycle.com
Spezialisiert auf Trial- und Crosseinräder. Sie erfüllen jeden Wunsch!

UNICYCLE (fr)

3, imp. Dalou
BP 172
Evry CEDEX
FRANCE
Telefon : 0160-60773736
www.unicycle.fr

UNICYCLE (uk)

Stockton UK
Telefon: 0800 980 0711
www.unicycle.uk.com

Schließlich gibt es noch die Möglichkeit, im Internet, z. B. über eBay, ein Rad zu erwerben. Es kostet mit Versand oft unter 50,- €. Man sollte aber genau prüfen, welche Qualität man kauft, ob der Verkäufer sich auskennt und welche Möglichkeiten man zur Reklamation hat.

DANKE

Wir bedanken uns für die freundliche und zum Teil lustige Unterstützung bei:

Radlos Frankfurt, Rollende Rosinen, Familie Messer, Lina, Hannah, David, Günter, Julian, Nick die Acht, Tobias sowie bei den Polsinger Einradkindern Anne, Lisanna und Julia, Elina, Simone, Natalie und Caroline, Melisa, Isabel, Regina, Fatma, Julia, Inka, Alina, Lena und Linus und bei all den kreativen Einradfahrern, ohne die ein solches Buch nicht möglich wäre!

Besonderer Dank geht an HARDY und an Klaus Stillger, ohne deren Fürsprache dieses Buch nicht zu Stande gekommen wäre.

David Weichenberger,
Einradfahrer vs. Treppenläufer, März 2010
© Fabian Roßler, blue-pics.net

Hi Andy, viel Erfolg
für Dein Buch – möge
es vielen aufs Rad helfen!
Karsten Feist

BILDNACHWEIS

Cover- und
Umschlaggestaltung,
Layout und Satz: Eva Feldmann

Coverillustration: Thinkstock, Kollektion: iStock, Stefan_Alfonso

Fotos Innenteil: Oskar Bauer, Robert Mager, Andreas Anders-Wilkens

Illustrationen Innenteil: Thinkstock, Kollektion: iStock, Stefan_Alfonso

                           Eva Feldmann (nach Thinkstock,
                           Kollektion: iStock, Stefan_Alfonso)

Lektorat: Dr. Irmgard Jaeger

TRENDSPORT
BEI MEYER & MEYER

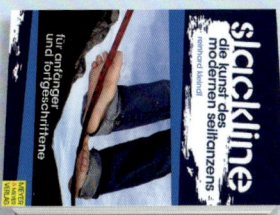
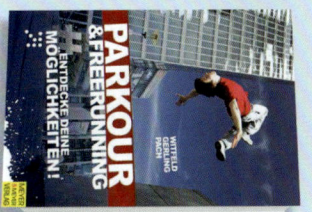

Andreas Anders-Wilkens & Robert Mager

EINRADFAHREN

Moves und Tricks für Fotgeschrittene

184 Seiten, 16,5 x 24 cm, in Farbe, ca. 218 Fotos

ISBN: 978-3-89899-536-8

€ [D] 16,95/€ [A] 17,50

Reinhard Kleindl

SLACKLINE

Die Kunst des modernen Seiltanzens

152 Seiten, 16,5 x 24 cm, in Farbe, 138 Fotos, 1 Tab.

ISBN: 978-3-89899-565-8

€ [D] 16,95/€ [A] 17,50

Jan Witfeld, Ilona E. Gerling & Alexander Pach

PARKOUR UND FREERUNNING

328 Seiten, 16,5 x 24 cm, in Farbe, 550 Fotos, 56 Abb.

ISBN: 978-3-89899-991-5

€ [D] 19,95/€ [A] 20,60

MEYER & MEYER
Fachverlag GmbH

Von-Coels-Str. 390

52080 Aachen

Telefon	02 41 - 9 58 10 - 13
Fax	02 41 - 9 58 10 - 10
E-Mail	vertrieb@m-m-sports.com
Website	www.dersportverlag.de

Unsere Bücher erhalten Sie online oder bei Ihrem Buchhändler.

* Preisänderungen vorbehalten und Preisangaben ohne Gewähr! © Thinkstock/iStock

MEYER & MEYER VERLAG

Anders-Wilkens/
Mager (Hrsg.)

FREESTYLE
STREET
TRIAL

EINRAD
FAHREN

MOVES & TRICKS FÜR
FORTGESCHRITTENE

Mit Beiträgen von Kris Holm

8

Stillstand

Von Sonja Theiß

Man kann lernen, auf dem Einrad zu sitzen und komplett still zu stehen. Reifen und Pedale bewegen sich gar nicht, nur Arme, Oberkörper und Hüfte gleichen aus.

Beim Stillstand sind beide Pedalen auf gleicher Höhe. Das Pedal, das du beim Hüpfen vorne hast, sollte auch hier vorne sein.

Halte die Arme etwas angewinkelt nach oben.

Falls du noch nicht hüpfen kannst, entscheide dich aus dem Gefühl heraus, welche Pedalstellung besser für dich ist.

Am besten probierst du den Stillstand aus der Fahrt oder aus dem Hüpfen heraus. Du kannst aber auch an einer Laterne oder etwas Ähnlichem anfangen und dann loslassen.

Man kann das Gewicht beim Stillstand entweder auf den Beinen haben oder im Sattel. Es ist aber einfacher und siche-

© Sonja Theiß (2)

rer, das Gewicht auf den Beinen zu haben. Ob man sich dabei aus dem Sattel erhebt und aufsteht oder im Sattel sitzen bleibt und nur das Gewicht auf die Füße verlagert, ist egal.

Es gibt also folgende Möglichkeiten:

- Gestreckte Knie, man sitzt nicht mehr im Sattel.

- Gebeugte Knie wie beim Fahren, aber Gewicht auf den Beinen.

- Gebeugte Knie wie beim Fahren und Gewicht im Sattel (schwieriger, aber entspannender, wenn man lange stehen will).

Das Grundprinzip der Ausgleichsbewegungen funktioniert folgendermaßen:

Wenn dein Körper nach rechts tendiert und damit Übergewicht nach rechts hat, drohst du, nach rechts zu fallen. Um nicht zu fallen, musst du es schaffen, dass dein Einrad möglichst gerade stehen bleibt und eventuell als Ausgleich zu deinem Übergewicht etwas nach links geneigt ist. Dafür musst du in der Hüfte seitlich abknicken. Dein Oberkörper lehnt sich also nach rechts, da du sowieso gerade beinahe dahin fällst, deine Hüfte und dein Einrad werden als Ausgleich dafür nach links gedrückt.

Wenn du es schaffst, dass das Einrad dann stabil steht und ein gewisses Gegengewicht zu deiner Fallrichtung ist, stehst auch du in schiefer Lage sehr stabil. Dadurch kannst du langsam

wieder ins Gleichgewicht kommen und stehst schließlich wieder gerade. Auch wenn du drohst, nach links zu fallen, schiebst du die Hüfte zur anderen Seite, also nach rechts. Häufig ist es auch ein ständiges Hin und Her zwischen links und rechts. Aber diese Bewegungen stabilisieren dich und ermöglichen es, still zu stehen.

Wenn du es ab und zu schaffst, auf die oben beschriebene Weise auszugleichen, kannst du versuchen, etwas genauer und feiner dosiert auszugleichen, damit du weniger schwankst. Dafür gilt:

Versuche grundsätzlich, beim Halten des Gleichgewichts zunächst nur mit den Armen auszugleichen. Erst wenn das nicht ausreicht, um dich im Gleichgewicht zu halten, fange auch an, wie oben beschrieben, mit Oberkörper und Hüfte auszugleichen.

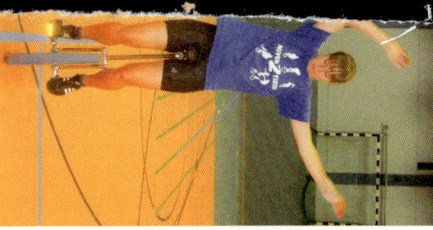

Das heißt, du musst frühzeitig merken, dass du etwas zu weit nach rechts fällst und ausgleichen, indem du in Hüfte und Oberkörper gerade bleibst, den Sattel ein ganz kleines bisschen nach links drückst und nur die Arme nach rechts gehen. So kannst du Oberkörper und Hüfte annähernd ruhig halten und wackelst dadurch weniger.

Wenn du sicher still stehen kannst, kannst du dich, mit entsprechender Schutzkleidung und nachdem du dir gut überlegt hast, wohin du abspringst, bevor du fällst, hinstellen, wohin du willst . . .

© Sonja Theiß